蓝狮子·大师思想

抢占心智第一

一本书吃透定位实战要领

张云　罗贤亮　著

浙江大学出版社

·杭州·

图书在版编目（CIP）数据

抢占心智第一：一本书吃透定位实战要领 / 张云，罗贤亮著. -- 杭州：浙江大学出版社，2024.8.
ISBN 978-7-308-25134-1

Ⅰ．F279.23

中国国家版本馆CIP数据核字第2024DH2014号

抢占心智第一：一本书吃透定位实战要领
张　云　罗贤亮　著

策　　划	杭州蓝狮子文化创意股份有限公司
责任编辑	顾　翔
责任校对	张　婷
封面设计	邵一峰
出版发行	浙江大学出版社
	（杭州市天目山路148号　邮政编码　310007）
	（网址：http://www.zjupress.com）
排　　版	杭州林智广告有限公司
印　　刷	杭州钱江彩色印务有限公司
开　　本	880mm×1230mm　1/32
印　　张	7.875
字　　数	142千
版 印 次	2024年8月第1版　2024年8月第1次印刷
书　　号	ISBN 978-7-308-25134-1
定　　价	62.00元

版权所有　侵权必究　印装差错　负责调换

浙江大学出版社市场运营中心联系方式：0571-88925591；http://zjdxcbs.tmall.com

序言
Preface

自 1991 年《广告攻心战略：品牌定位》[《定位：争夺用户心智的战争》(*Positioning: The Battle for Your Mind*) 的中文版] 一书在中国首次出版，定位理论与时俱进。如今，中国已形成了一套关于定位理论的经典丛书，该丛书由 20 余本商业经典组成，每一本都侧重定位理论的某一个主题或战略定位的某一个关键环节。"定位之父"艾·里斯（Al Ries）曾说，一个人一天就能听懂定位理论，但如果不深入、准确地领悟和实践，也许一辈子都无法真正将其掌握。可以想象，一方面，定位理论的精髓埋藏在 20 余本著作中，尚未有一本书能够全面、准确、系统地还原定位理论的发展脉络，并梳理其整体知识体系、实践成果；另一方面，在经典之外，国内许多关于定位理论的解读良莠不齐，不乏望文生义、失之偏颇之流，这给企业家、创业者学习、理解、掌握定位理论带来了巨大的困难和挑战。本书致力于弥补缺憾，为读者提供清晰、完整的定位知识框架和正宗、简洁的实践指南。

本书从核心理念、心智模式、定位方法、实践案例四大板块出发，系统梳理和总结了定位理论的底层逻辑、核心方法和原创性实践案例。在核心理念部分，本书揭示了定位理论在不同时代的思考和洞察，同时展现了定位理论从传播起步，最终抵达企业的本质——创新的组织——的历程。在心智模式部分，本书从提出"企业竞争的终极战场在于消费者心智"，开启人类商业战略的认知时代开始，吸取了以丹尼尔·卡尼曼（Daniel Kahneman）为代表的认知心理学大师的思想和研究成果，总结出七大心智模式。在定位方法部分，本书系统地介绍了定位理论在实践过程中不断发展出的工具和方法，以及这些方法的精髓和适用范围。在实践案例部分，本书提供了7个不同体量、不同行业、涵盖2C和2B、覆盖快消品和耐用消费品的原创性案例，便于读者结合案例，对核心理念、心智模式、定位方法有更加深入的理解。本书从学习者的角度出发，即遵循"是什么""为什么""怎么做""看示范"的脉络层层递进，使读者更加迅速地掌握定位理论和方法。

定位理论本质上是一种高级的消费者导向思维。它起源于一个重要的商业问题，即在信息爆炸时代，如何占据消费者心智？从定位理论被提出至今的60年里，人们在实践中不断深入，提出新的答案。而被艾·里斯称为"终极的定位"的品类创新理论的诞生，不仅实现了定位理论与"创新之父"约瑟夫·熊彼特对企业本质的定义——实现创新的组织——的胜利大会师，也重新定义了创新，即"创新是建立一种新认知"。如今，人类所处的时代是科技蓬勃发展的超级技术时代，也是消费观念大迭代的时代，这为商界带来了大量的新品类机会。把握时代机遇最重要的武器就是品类创新，我们将有机会看到，借助品类创新，定位理论将影响更多企业家和实践者，在商业史上持续绽放光芒。

张云

里斯品类创新战略咨询全球CEO、中国区主席

目录

第❶部分　理念篇

第1章　定位是什么：从心智占位到品类创新　/ 003

20世纪60年代：是什么决定了广告是否奏效　/ 005
20世纪70年代：从"我有什么"转变为"消费者心智要什么"　/ 013
20世纪八九十年代：定位要有竞争导向，并对企业利润负责　/ 019
2000—2014年：定位落地需要战略配称　/ 028
2015年之后：品类比品牌更重要　/ 035

第2章　定位的底层原理：七大心智模式　/ 043

企业竞争的终极战场在于消费者心智　/ 046
心智模式一——心智启于分类：消费者以品类思考，用品牌表达　/ 061
心智模式二——阶梯有限而品类无限："第一"胜过"更好"　/ 069
心智模式三——心智斥同存异：有差异才能生存　/ 079
心智模式四——心智排斥复杂：少即是多　/ 083
心智模式五——心智缺乏安全感：被认可才能进入心智　/ 095
心智模式六——心智不易改变："做得好"远不如"做得早"　/ 100
心智模式七——心智排斥多重身份：忌"品牌延伸"陷阱　/ 104

第❷部分　实战篇

第 3 章　定位的方法：抢占心智需要做对的五件事　/ 117

定位的三种方法：抢先定位、关联定位、为竞争对手重新定位　/ 120
四种商战模型：明确要打一场什么类型的战争　/ 131
聚焦原则：品牌、信息与资源　/ 155
终极的定位：品类创新　/ 165
战略定位的重要配称工具　/ 186

第 4 章　案例详解：里斯定位理论造就的企业和品牌　/ 199

棒约翰：发现品类空缺，痛击行业领导者　/ 201
哈弗：聚焦趋势品类，把握"现在小，未来大"的机会　/ 206
坦克：局部大于整体，主动分化老品类，颠覆传统市场　/ 216
老板：抢先定位品类第一特性，实现竞争翻盘　/ 223
简醇：基于市场洞察开创新品类，实现逆势高飞　/ 229
大角鹿：死磕关键特性，以弱胜强，成就行业增长王　/ 235
杰克：用"抢先定位"服务 2B 客户，成就全球隐形冠军　/ 240

第1部分
理念篇

第 1 章

定位是什么：
从心智占位到品类创新

回溯全球商业史，鲜有理论像"定位"（positioning）一样具有持久的生命力，深深地影响着企业的营销、品牌和战略。

自20世纪60年代萌芽至今，"定位"先后被评为"有史以来对美国营销影响最大的观念""史上最佳商业经典"。半个多世纪以来，定位理论影响了数代企业家，在全球商界的影响力不减反增。定位理论发源于美国，已经传播至欧洲、亚洲、非洲……跨越了区域、文化、政治和经济体制的差异，在全球范围内体现出强大的普适性和解释力。

定位理论自诞生之日起，就独树一帜地把商业竞争引入了认知时代。而且，定位理论因时而变、持续迭代，半个世纪以来，解释力和实践价值都不断提升。

20世纪60年代：
是什么决定了广告是否奏效

20世纪60年代，美国的经济进入繁荣时期。在这一时期，美国的国内生产总值较以前增长了4%，而失业率低至4%，大量的就业机会被创造出来。同时，这一时期见证了消费主义的兴起，人们开始购买更多的商品和服务，芭比娃娃、麦当劳等品牌快速兴起。经济的繁荣，消费主义的兴起，推动了广告业的快速崛起。此时，艾·里斯正在纽约经营一家小型广告代理公司。

当时的广告业被三个人的思想所主宰：罗瑟·瑞夫斯（Rosser Reeves）、大卫·奥格威（David Ogilvy）和比尔·伯恩巴赫（Bill Bernbach）（见图1.1）。

图1.1　20世纪60年代的广告业三巨头

罗瑟·瑞夫斯是"独特的销售主张"（unique selling proposition，简称USP）的先驱。他在《实效的广告》（*Reality in Advertising*）一书中概述了这一理念：每一个广告都必须向消费者提出一个主张，也就是能让消费者通过购买该产品获得某种特定的利益。瑞夫斯强调，一个好的广告必须从消费者的实际需求出发，挖掘出产品独特的闪光点。对这个闪光点进行集中宣传，能够帮助品牌打动消费者，促成产品购买行为。

1954年，瑞夫斯在自己的办公室里接待了玛氏糖果的总经理。玛氏糖果在美国是一家小有名气的私人企业，在巧克力生产上具有相当的优势。当时，玛氏糖果面临的问题是，其新产品巧克力豆（M&M's）的广告宣传不太成功，销售效果不理想。

与玛氏糖果的总经理交谈后，瑞夫斯敏锐地发现，玛氏糖果开发生产的这种巧克力豆是当时唯一用糖衣包裹的巧克力豆——这意味着这种巧克力豆不容易熔化。

经过精心思考，瑞夫斯创作了这样一部电视广告片。电视画面上有两只手，一只脏手，一只洁净的手。旁白说道："哪只手里面有玛氏巧克力豆？不是这只脏手，而是另一只。因为玛氏巧克力豆——只熔于口，不熔于手。"广告播出后，玛氏巧克力豆在美国名声大振，销量猛增。

大卫·奥格威是"品牌形象论"（brand image，简称BI）的先驱。他在《奥格威谈广告》（*Ogilvy on Advertising*）一书中提出：每一个广告都是对品牌形象的长期投资。此处以被誉为奥格威三大杰出作品[1]之一的哈撒韦（Hathaway）衬衫广告为例。当时，人们开始了解高档衬衫的必要性——西服需要搭配衬衫，如果质量上乘的西服搭配着一件街头随处可见的廉价衬衫，整体效果将大打折扣。衬衫彰显着阶层。奥格威的广告正是抓住了这一点，他选用贵族乔治·蓝吉尔男爵作为模特，展现了其戴着眼罩、穿着哈撒韦衬衫在豪华的制衣车间接受量身定做服务的情景。这支广告通过模特的身份和潇洒的神态表现出哈撒韦衬衫的高级品位，也巧妙暗示出哈撒韦衬衫制作精良、非同一般。戴黑眼罩、穿哈撒韦衬衫的男人形象由此风靡美国，成为高贵气派、风度非凡的代名词，造就了哈撒韦衬衫的经典品牌形象。这个形象助推了哈撒韦衬衫在美国市场的飞速发展，在广告刊出的第一年，哈撒韦衬衫的销售量就增加了三倍之多。

比尔·伯恩巴赫是"广告创意论"（creativity）的先驱。他写道："通过进行适当的练习，创意可以让一个广告的效力放大10倍。" 20世纪50年代，在欧洲市场所向披靡的甲壳虫汽车进军竞争激烈的美国市场，然而销量遇冷。因为当时美国流行的是福特、通用等又大又长、采用流线型设计的汽车车型，而甲壳虫车

---

[1] 一般认为，大卫·奥格威的三大杰出作品是哈撒韦衬衫、劳斯莱斯银云（Silver Cloud）和奥美（Ogilvy）。——编注

型小，马力不足，看起来不够高端，与市场主流的消费观念格格不入。伯恩巴赫接到这个难题时，创造性地针对美国市场上汽车高价格、高油耗、高成本的现状，提炼出甲壳虫性价比高、维护费用低等特点，推出一系列围绕"物美价廉"价值主张的广告宣传，其中最为著名的就是"想想还是小的好"（Think small.）。在广告海报中，甲壳虫汽车小小地呈现在西北角，海报底下写着"想想还是小的好"，以及一段文字独白：

"我们的小车没有标新立异。许多学院派家伙不屑于驾驶它，加油站的小伙子也不会问它的油箱在哪里……没有人注意它，甚至没人看它一眼。其实，驾驶过它的人并不这样认为。因为它油耗低，无须防冻剂，能够用一套轮胎跑完 4 万英里[1] 的路。这就是你一旦用了我们的产品，就会对它爱不释手的原因。当你挤进一个狭小的停车场时，当你的保险费变得更低时，当你支付那一小笔修理账单时，或者当你用你的旧大众换得一辆新大众时，请想想小的好处。"

这次广告传播，让一些美国消费者，特别是刚走上社会的、

1　约 6.436 公里。——编注

手头并不宽裕的年轻人，认识到小型车的优点，甲壳虫也由此成了"小而美"的代名词。到20世纪60年代末，甲壳虫在美国的年销量已超过50万辆。到1972年，甲壳虫在美国的累计销量超过了1500万辆。

在罗瑟·瑞夫斯、大卫·奥格威和比尔·伯恩巴赫的影响下，20世纪60年代的广告界流行三种方法：产品的闪光点、产品的广告形象以及广告的创意。它们有一个共同的特点，即一切都基于产品本身。艾·里斯注意到，就算运用这三种方法，能够带来销量提升的广告也只是少数，大多数的广告留下的仅仅是热闹。他进一步思考：那些奏效的广告（能够带来销量提升的广告）和不奏效的广告（没法带来销量提升的广告）之间有什么区别？

当研究那些奏效的广告时，他发现它们都包含了一个重要的元素，而且这一元素能立刻被潜在的消费者所接受。艾·里斯把这个元素叫作"rock"。rock，本义为岩石，**这里指无可置疑的出击点，也就是能让消费者不得不信服，并吸引他们购买产品的触动点。这就是定位理论的雏形。**

艾·里斯建议，每一支广告都要有一个"rock"，以便给潜在的消费者留下有说服力的印象。一个典型的广告案例是永耐驰（UniRoyal）。永耐驰是一家美国橡胶公司，在橡胶技术上有一定的优势，它的口号是"橡胶行业中的技术领导者"。但是，它一直面临着来自固特异（Goodyear）和古德里奇（Goodrich）等其他规模更大、更知名、拥有更多种产品的橡胶公司的竞争压力。想要在艰难的竞争环境中获胜，永耐驰只是简单地说自己技术领先，根本无法获得更多消费者的认可。因此，它必须找到属于自己的"rock"，从而成为消费者的首选。

不可否认的是，在橡胶行业中，技术的领先会对消费者的购买行为产生重要影响。为了证明永耐驰拥有在技术上的领先地位，艾·里斯建议使专利数量成为它的rock——"永耐驰是专利数量最多的橡胶企业。"无疑，在消费者心智中，专利是品质、科技的代名词，"专利数量最多"是一个客观事实，会让消费者不自觉地相信永耐驰的产品质量好于其他橡胶公司，永耐驰的销量也因此开始节节攀升。

艾·里斯在这个思路之下，以"rock"为出发点，接连创造了许多行之有效的广告。通过对"rock"的运用，我们可以发现，定位理论从雏形阶段开始，就跟那些聚焦产品卖点、产品品牌形象的营销方法不一样。定位理论关注的是消费者而非产品，是要找到一个能说服消费者的出击点。这背后的洞察是，比起提炼产品有什么值得说道的，更应该关注如何获取消费者的信任，使产品成为他们心中首选。

以巧克力豆为例，不易熔化的产品卖点在过去曾经帮助玛氏糖果在市场竞争中脱颖而出，但是这里面显然不存在不可复制的技术壁垒。试想一下，当市场中的几十种甚至上百种巧克力品牌，都宣称自己的产品"不易熔化"，消费者应该相信谁？

20世纪70年代：
从"我有什么"转变为"消费者心智要什么"

经过长期、大量的实践，艾·里斯逐渐形成了一套区别于罗瑟·瑞夫斯、大卫·奥格威和比尔·伯恩巴赫的营销理论和方法。艾·里斯所开创的方法的独特之处在于，不是专注于宣传产品，而是关注潜在消费者的心智。在20世纪70年代的美国，关注潜在消费者的心智变得越来越重要，因为跟过去相比，这个年代是一个产品爆炸和广告爆炸的年代。

在各行各业中，产品数量都在以一种恐怖的速度不断增长。人们走进美国一家普通的超市，将面临上万种产品选择。如果你感冒了，想要购买"泰诺"，就会发现市场中同时拥有50多种"泰诺"。为了生存，无数的产品都在渴望通过传播，被消费者记住，进而被消费者列入购物清单。

与产品爆炸相伴而生的是广告爆炸。面对生存压力，广告之风从产品界迅速向职业界蔓延。从20世纪70年代初到70年代末，美国社会中的律师人数增长了30万。过剩激化了竞争，竞争则需要广告宣传的助力。在医疗行业，病人们争夺医生资源的局面，已经转变为医生开始为病源发愁。教会、美国政府也开始为广告付费。广告数量和使用者人数都在飞速增长。20世纪70年代，美国的年人均广告消费在200美元左右，人均广告接触量是同时期加拿大的2倍、英国的4倍、法国的5倍。与之相对，广告的有效性却在快速下降。

广告的狂轰滥炸让消费者面临困难的选择，变得无所适从。传播渠道不断增多，图书、报纸、电视，甚至产品包装、地铁广告等传播渠道飞速发展，但信息的传递并不见得更加顺畅。让我们先来看一组20世纪70年代的数据：在美国，平均每年出版约 3 万本新书,如果一个人每天 24 小时不间断地阅读,需要 17 年才能读完;美国新闻业每年用纸超过 1000 万吨,仅新闻纸一项,人均消耗就超过 40 千克,相当于美国人一年的人均牛肉消耗量……在现实中,每种传播渠道都面临着海量的信息,信息传播的高速公路早已"车满为患"。

聪明的人类发明了许多新的传播载体,试图通过建造更多的传播公路,缓解这场史无前例的信息拥堵。但是,一方面,传统媒体在不断走向分化,诞生了更多的细分媒体渠道。过去屈指可数的电视频道,逐渐分化出商业电视、有线电视和付费电视[1];报纸不再拘泥于日报,早报、晚报、周报、周日报等诸多形式先后推出。另一方面,在人类创造力的驱动下,媒体的边界正在不断被拓宽,越来越多的事物正逐渐"媒体化":巴士、地铁、出租车等,所有能够移动的物体,都已有了"赞助""冠名"信息。而每一种新的传播渠道诞生,又吸引了更多原本"无路可走"的信息。公交广告迅速在美国蔓延,并且似乎从未间断。媒体渠道的暴增,非但没有缓解信息拥堵,反而引发了一轮又一轮新的信息爆炸,让传播变得更加复杂、更加困难。

---

[1] 商业电视、有线电视和付费电视之间存在含义上的交叉重叠,亦存在技术、模式等方面的巨大差异。——编注

在 20 世纪 70 年代，产品大爆炸，广告大爆炸，但是消费者心智大混乱。过剩的产品和服务催生了大量的传播需求，推动了媒体和广告的爆炸增长，人类开始进入过度传播的社会。但是，心智——作为人类大脑接收、存储、过滤信息的方法和机制，却是极为有限的。普通人的心智，在泛滥的广告面前犹如一块吸饱了水的海绵，想要继续向它传播新的信息，唯有挤掉原有的水分。作为信息传播的终点站，心智的有限性使得绝大部分信息都被过滤掉，成为无效信息。

在这样的背景下，只专注于产品的广告自然无法实现销售目标。艾·里斯提出，品牌的终极目标不是在市场终端赢得胜利，而是在潜在消费者的心智中胜出。与其以产品为基础来思考广告创意，为什么不把这个创意建立在潜在消费者心智的基础之上呢？"rock"就是企业可以尝试植入潜在消费者心智的那个想法。

但人类的心智中并没有"岩石"，所以，艾·里斯和他的搭档杰克·特劳特（Jack Trout）把"rock"改成了"positioning"。1972 年，在一份小型的行业杂志上发表文章讲述定位理论后，艾·里斯收到了美国领先的营销出版刊物《广告时代》（*Ad Age*）的邀请。而后，他在这本杂志上以"定位时代的到来"为题发表

第1章 定位是什么：从心智占位到品类创新

了系列文章。他和同事们把这一系列文章制作成一本小册子，送给了那些邀请他们演讲的人。

1985年，艾·里斯和杰克·特劳特写了一本书，书名是《定位：争夺用户心智的战争》。这本书在全球22个国家售出了300多万册，其中在中国售出了40万册。2009年，在《广告时代》针对全美营销经理人的一次评选活动中，《定位：争夺用户心智的战争》获得了最高票，不少读者认为，这本书是他们读过的最好的营销书。

《定位：争夺用户心智的战争》一书揭示了营销的规律：世界上许多成功的品牌都是通过"率先占据（消费者）心智中的一个空缺位置"建立起来的。为什么"率先占据（消费者）心智中的一个空缺位置"如此强大？因为大多数消费者有一种强烈的固有认知，即只有更好的品牌才能在市场上胜出，因此，选择"第一"就是选择了"更好的"。

定位就是"率先占据（消费者）心智中的一个空缺位置"。在消费者心智中，存在一个一个的品类格子。在一些品类中，消费者已经有了偏爱的品牌，品类格子也相应被这些品牌所占据。

而在另一些品类中，还没有品牌成功盘踞在消费者购物清单的首选位置，品类格子虚位以待。"定位"就是在消费者心智中，找到并占据一个品类格子，成为品类的代表。

相对于挤掉品类格子中的原有品牌，找到或者创造一个差异化的、空缺的品类格子，并成为第一个占据空缺位置的品牌，显然容易很多。成为第一，是进入心智的捷径。人们能很快回答出第一位登上月球的人是尼尔·阿姆斯特朗（Neil Armstrong），却很难说出第二位的姓名。世界第一高峰是喜马拉雅山的珠穆朗玛峰，但第二高峰叫什么？恐怕相对来说知晓者就没有那么多了。同样地，在商业世界里，"成为第一"依然是最行之有效的成功方法。可乐中的可口可乐、汉堡连锁店中的麦当劳、智能手机中的苹果，这些率先进入消费者心智的品牌，至今仍是各自品类中的佼佼者。因此，品牌制胜的关键就是"率先占据（消费者）心智中的一个空缺位置"，即成为品类中第一个进入心智的品牌。

《定位：争夺用户心智的战争》介绍了定位的重要性及什么是定位，还对具体的定位方法做了详细介绍。其中最为关键的，就是定位的三种方法，即领导者的定位，跟随者的定位，以及重新定位竞争对手。这三种定位方法，让定位的实践有了更为具体的抓手。

第 1 章　定位是什么：从心智占位到品类创新

20 世纪八九十年代：
定位要有竞争导向，并对企业利润负责

在 20 世纪八九十年代，艾·里斯和他的同事们见证了不少营销所带来的灾难（即一个看似正确的营销，却使得企业在竞争中落败）。一种情况是，有人指出《定位：争夺用户心智的战争》这本书中说"打造第二品牌"是一个好主意，但是现实中许多公司试验性地投入第二品牌都收效甚微。还有一种情况是，大公司们由于固守既有的核心产品，错过了推出第二品牌的时机。

定位理论同样强调重视消费者,不同的是,定位理论特别指出,研究消费者的心智和认知比研究消费者需求更重要。当企业的所有生产、营销活动都围绕着消费者需求来展开:例如,通过大量的市场调查研究消费者和潜在消费者的需求,不断打磨产品,试图满足消费者的所有需求,然后通过开展一项营销策划喊出"我的产品是为你精心设计的",通过更好的服务甚至带来惊喜等方式提高消费者的满意度和忠诚度……却不一定能为企业带来成功。

"消费者至上"的观念实际上蕴含着巨大的风险,即同质化竞争。当你和你的竞争对手面临着同一群消费者,而消费者的需求又是雷同的,你们的市场调研结果就会相差无几。为了满足同样的需求,大量品牌会不约而同选择近似的价格、产品、渠道和推广策略,最后再通过相似的营销策划将这些背后的努力传递给消费者,消费者接触到产品后基本上获得了相似的体验。在这种情况下,你如何让消费者相信,你的产品是最好的,你的产品是最值得购买的?

于是,企业纷纷把目光转向内部运营效益的提升,认为产品同质化是必然的,但自己能够以更高的运营效率、更低的成本支出取胜。然而,这陷入的是另一个误区,即"竞争趋同":当企业在质量、生产周期或供应商伙伴关系上模仿各自的优化做法时,大家的做法就会趋同,竞争就变成了在同一条跑道上展开的赛跑,没有人能够胜出。这就是迈克尔·波特(Michael Porter)所提出的"零和竞争"——竞争各方的综合收益为零。

比起关注消费者需求,企业更应该关注的是如何避免陷入同质化的竞争。在同质化竞争中没有人能够获胜,没有人能够获得更大的规模和更多的利润。这就引出了定位理论在20世纪八九十年代的第一波发展:定位要采取"竞争导向",而非"需求导向"。

换句话说,"竞争导向"才是企业经营者首先应该采取的思维方式。尤其是在产能和产品极大丰富的时代,满足消费者需求的产品和品牌非常多,同质化愈演愈烈,"需求导向"的思维只会越来越不合时宜和难以奏效。企业能够胜出的关键是,制定针对竞争对手的策略,特别是找到对手的弱点,并针对那些弱点发动营销攻势。

"竞争导向"不是指过度关注竞争对手,而不关注消费者;而是指关注消费者心智中已有的认知和选择,从而选择、调整、确定自己的定位。以追求异性为例，如果小伙子只关注女孩子喜欢什么样的伴侣，而不清楚其他竞争对手在女孩子心中占据的位置和女孩子对其他竞争者形成的认知，就很难在竞争中胜出，获得女孩子的青睐。

史蒂夫·乔布斯（Steve Jobs）曾经数次强调"人们不知道他们想要什么"。他还举例子说："你不能只是问消费者他们想要什么，然后提供给他们想要的。如果你真的只是这样做，当你提供产品给消费者的那一刻，他们会告诉你他们想要别的东西。"苹果的产品，如iPod、iPhone和iPad，都不是光靠需求调研就能够实现的创新。以iPhone为例，早在1992年，IBM Simon就推出了智能手机，在此后十几年中，众多手机巨头纷纷发力智能手机业务，爱立信推出了R380sc，诺基亚推出了7650、7710，微软携手HTC发布了HTC Orange SPV，摩托罗拉推出了A760……然而这些手机产品都听从了消费者需求调研，在传统功能手机的基础上为了优化体验进行小修小补，在外观、功能和使用习惯等各方面都未能跳脱出传统功能手机的范畴。2007年，iPhone上市，它不是根据消费者需求调研设计出来的，无论是在外观设计还是在功能使用上，iPhone都和传统功能手机截然不同。它始终是以竞争为导向的，它要解决传统功能手机的问题，例如屏幕太小、展示信息有限、界面滑动太慢、操控不方便等。iPhone去除了实体键盘，实现了3.5寸跨越式大屏（当时市面上流行的还是黑莓8800、三星Black Jack等2寸屏幕的手机），并且让消费者可以通过触摸大屏直接操作手机，iPhone由此彻底颠覆了消费者使用按键式手机的习惯，定义了智能手机这一品类。初代iPhone一经上市，就给当时的消费者带来了强烈的冲击，仅3天就卖出了27万部，可谓大获成功。这里的关键，就在于通过对竞争对手弱点的研究，超越竞争对手。

百事可乐的成功也源于针对可口可乐找到了突破口——从年轻人身上发现市场。百事可乐把自己定位为新生代的可乐，并且在20世纪80年代邀请新生代消费者喜欢的超级巨星作为自己的品牌代言人，还创作了许多极富想象力的电视广告，如"鲨鱼""太空船"等。这些广告对二战后婴儿潮时期出生的美国青年很有效，他们倡导"新鲜刺激，独树一帜"，表现出强烈的、跟上一代不一样的逆反心理。恰恰是如此具有针对性的策略，让百事可乐在"正宗"可乐的封锁中打开了新的市场空间。

竞争导向除了要针对对手的弱点制定策略，还要知道自己在这场商战中的位置，并匹配合适的战术。艾·里斯曾针对一些公司打造第二品牌的失败提出"小公司应当打游击战,不适合开发第二品牌",这就是竞争导向的战术体现。iPhone作为全球智能手机的领导品牌,它所做的不是盲目开发符合消费者需求的产品,而是进行防御战,迅速跟进和封杀对手已经发现并得到市场验证的新机会。第二品牌三星,曾经针对iPhone屏幕小,运用更大屏幕的策略发起进攻战,赢得了不小的市场份额;现如今,三星又发力折叠屏等更先进的技术,对iPhone发动进攻。之后的小米,则采用了性价比策略,避开了iPhone和三星的锋芒,从侧翼发动进攻(侧翼战),在更低的价位占据更大的市场份额。一些排名更为靠后的品牌,则在更小的赛道——如游戏手机、老年手机等——打响了游击战。具体见图1.2。

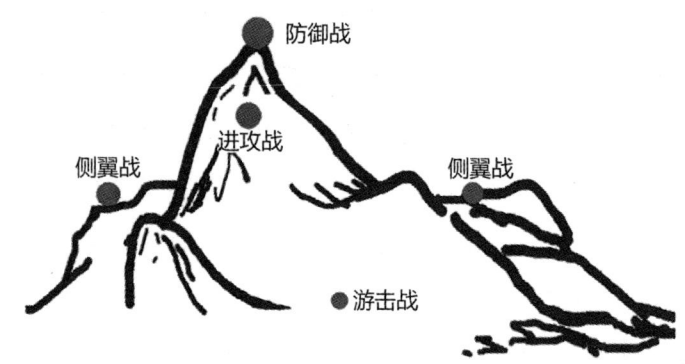

图1.2　竞争导向中的四种商战模型

第 1 章 定位是什么：从心智占位到品类创新

在 20 世纪 90 年代，美国商界出现了一种匪夷所思的现象：那些曾经不可一世的企业，虽然规模有了进一步的扩大，但利润表现却不尽如人意，甚至还有大幅亏损的情况。例如，IBM 年营收达 630 亿美元，却亏损了 80 亿美元。通用年营收达 1330 亿美元，却亏损了 230 亿美元。这给定位理论的实践带来了新的思路：不但要关心定位与策略，还必须关心盈利情况。一些想法或概念听起来可能不错，但能赚钱吗？毕竟，利润才是企业的生命线，也是成败的分水岭。如果赚不到钱，说什么都没用。

通过研究一些大企业亏损的根源，艾·里斯和他的女儿劳拉·里斯（Laura Ries）发现，美国的一些成功企业始终处在增长的压力之下，即使这些公司所处的市场整体上增长乏力，管理层仍然要求营收和利润实现大幅增长。为了实现这些目标，公司往往会选择提供更多类型的产品和服务，或是进入其他市场，或是收购其他公司或产品，或是建立合资企业。这些扩张的做法往往被包装成"品牌延伸""多元化"或"协同发展"。增长压力下的无序扩张往往导致公司失去焦点。

例如，从 1986 年到 1996 年的这 10 年，美国当时的五大航空公司（美国航空、美国联合航空、达美航空、西北航空和大陆航空[1]）总营收达6570亿美元，却亏损了6.46亿美元。当时美国所有大型航空公司都同时经营着客运与货运业务。实际上，民用航空公司的货运业务发展空间极为有限，在总营收中的实际占比连3%都不到。可一旦有这项业务，就要对这项业务专门进行客户开发、运营配合以及售后服务。同时，因为货运上的不专业及货运业务跟民用航空运营体系之间的冲突，民用航空公司需要为货运业务支付更高的成本，进而导致亏损的出现。要知道，同期联邦快递公司（Federal Express）的货运净利率达到了3.4%。类似客运和货运"两种都选"的情况还有很多，比如商务航线和度假航线都选，国内航线和国际航线都选，头等舱、商务舱和经济舱都选。

但有一个截然不同的案例，就是经营业务相对单一的西南航空（Southwest）。它只有商务航线，没有度假航线；只有经济舱，没有头等舱和商务舱；只有国内航线，没有国际航线。它只做廉价航空，不提供飞机餐，不可以托运宠物，不允许提前预订座位，不允许不同航班交换行李，只用波音737s一种机型。从1986年到1996年，西南航空的销售利润率达到惊人的8.1%。西

---

[1] 西北航空和大陆航空已与其他航空公司合并，结束独立运营。——编注

南航空1996年的股票市值是美国航空、美国联合航空、达美航空、西北航空和大陆航空合计总市值的3倍多。

正是基于对这类现象的观察和分析，定位理论逐步升级到企业战略维度，开始关注营收的增长和利润的提升。它倡导企业在经营和品牌打造上的"聚焦"。在这一点上，定位理论跟管理学大师彼得·德鲁克（Peter F. Drucker）的观点——企业的成功源自"集中稀有资源，抓住最佳机会"——达成了高度一致。与当时商界的流行观念不同，定位理论提出，品牌延伸将导致企业资源分散、发展失焦、认知模糊，非但难以实现"1+1>2"的战略预期，更无法支撑企业的长远发展。品牌唯有保持业务的聚焦，才能集中有限资源发挥最大作用，成功建立品牌认知。

2000—2014年:
定位落地需要战略配称

随着定位理论升级为战略,其实践的有效性不断提升,各行各业都诞生了经典的成功案例:泰森聚焦鸡肉业务,成为美国鸡肉行业的领导者,毛利率一度达到行业平均水平的2倍;诺基亚卖掉了卫生纸、卡车轮胎等数十种业务,聚焦移动电话,成为欧洲第一、世界第二的移动电话品牌;量子卫生资源公司聚焦血友病,在短短5年之内,实现公司年营收从400万美元到2亿多美

第1章 定位是什么：从心智占位到品类创新

元的跃升。

在成功案例的吸引下，越来越多的企业开始寻找自己的定位，然而在实践中，效果却天差地别。因为不少企业在施行定位战略的过程中走入了误区，将"定位"等同于一句口号，无可避免地走入死胡同。战略的成功，重在落地。定位要发挥作用，需要打造一整套围绕定位的战略配称体系，把定位真正建立到消费者的心智中去，而不能停留在口号层面，让定位成为空中楼阁。

实际上，早在《营销革命》（*Bottom-Up Marketing*）一书中，艾·里斯和杰克·特劳特就指出："战略不是目标，而是一致性的营销方向……战略包含了一致性的营销活动。产品、定价、分销和广告——所有构成营销的活动都必须围绕既定的战术展开。"这段话的意思是，实施战略不能虎头蛇尾或是挂羊头卖狗肉，实施战略需要从外到内、从上到下的一致性，产品、定价、分销和广告都要围绕定位展开。例如，在美国推出经济型轿车，不能像德国汽车品牌大众一样，针对第一款车提出"想想还是小的好"，后续却越做越大，推出了一系列既大型又昂贵的轿车；而应该像日系车一样，在车型大小、用料、油耗以及品牌营销、销售体系等方方面面都围绕"经济型"打造，将其作为持续迭代的过程中一以贯之的核心路线。

在21世纪初，艾·里斯和劳拉·里斯开始对战略落地的关键环节进行完善。这次完善工作结合了21世纪营销方式所面临的新变化。自《定位：争夺用户心智的战争》出版以来，营销界发生了很多革命性的变化，包括互联网的发展，社交媒体、移动营销、公关的崛起，谷歌（Google）、脸书（Facebook）、推特[1]（Twitter）、高朋网（Groupon）、领英（LinkedIn）以及很多其他数字媒体平台都在以不同方式影响着消费者。在这些变革中，视觉的影响力首屈一指。劳拉·里斯的《视觉锤：视觉时代的定位之道》一书就诞生在这样的时代背景之下。

在世纪之交的商界，文字仍然是传播的主要方式。推特消息、状态更新、短消息、幻灯片、电子邮件，甚至是老派的信件，都主要采取文字的形式。想法、项目和营销战略，多是由文字来描述的。不过，有很多证据可以证明，在营销中，视觉元素所扮演的角色比文字更重要。例如，科曼乳腺癌防治基金被列为消费者"最愿意捐助"的慈善品牌，排名优先于美国防癌协会、

---

1 推特于2023年并入X公司，产品更名为"X"。——编注

圣裘德儿童研究医院、善念机构和救世军等组织机构。之所以如此，一个重要的原因是，它使用了一个"粉红丝带"作为标识，这使得它在全球范围内都极具辨识度，并能引发人们的好奇。又如可口可乐每年上亿元的广告费，也许没有让大家记住它的传播口号，但让大多数人，甚至全球的消费者都记住了可口可乐的瓶子长什么样。这就是视觉的力量。

劳拉·里斯在《视觉锤：视觉时代的定位之道》中强调：定位，是一个语言概念，是钉子，将定位这个钉子钉入消费者心智的工具就是视觉锤。因为每个消费者都有两个半脑，一个负责语言，一个负责视觉。定位的目的是把一个概念植入消费者的心智，既可以用左脑所熟悉的语言，也可以同时运用右脑所熟悉的视觉，而右脑中的视觉画面往往令人更加印象深刻。

循着对视觉的探索，劳拉·里斯接着出版了 *Battle Cry*（未引进中国，译作"战斗口号"），该书认为，声音在定位传播中具有重要价值。这本书的洞察来自对"声音"的发现。根据常规理解，语言是沟通的唯一路径。但实际上，大脑并不能真正理解语言，大脑能够理解的是声音，语言只不过是声音的记录和表达。例如，小孩学习阅读的时候，往往习惯边念边看，因为他们只有把文字转译成声音，才能理解其中的意思；成年人阅读时虽然嘴巴上不会念出来，但实际上会在心里默念。显而易见的情况是，声音能够迅速被人理解，而书面的文字总要让人花点时间转化成声音才能看懂。

从这个角度看，一个传播口号在心智中形成的印象是一串声音，就像大脑中的音乐也是大脑收集的一串声音一样。令人难忘的音乐不是毫无规则的，而是由互相关联的声音串在一起构成的，这些声音构成一段独特的旋律。定位的"战斗口号"也是一样，如果词汇间的组合不符合互相关联的规律，就很难被人记住，而让大家朗朗上口的组合往往更容易被记住。例如法国大革命的口号"自由、平等、博爱"（liberté, égalité, fraternité）这三个押尾韵的词就很容易被人记住。根据这个发现，每个品牌的定位，都需要创造一句能够扎根心智的口号，可以运用尾韵、头韵、重复、反转和双关等修辞手法。

与视觉锤一样，同样具有革命性的观点是："广告没落，公关崛起。"之所以会有如此惊人的观点，是因为在当时，只要与企业的管理层讨论市场营销，他们的第一个想法就是：我们要在广告上花多少钱？这样的想法意味着，广告等同于营销，营销就是广告。这个想法是危险的,因为随着广告业几十年的爆发式增长,广告的可信度急剧下降,广告变成了王婆卖瓜,是公司急着销售产品时的自说自话。在这种情况下,企业无法通过广告推出一个新品牌,为了获得可信度,只能通过公关推出新品牌,公关让你通过第三方之口,尤其是媒体之口,把你的故事告诉别人,这样才会获得别人的信任。艾·里斯和劳拉·里斯在《广告的没落,公关的崛起》(*The Fall of Advertising and the Rise of PR*,也译作《公关第一,广告第二》)一书中富有调侃意味地说:"30年前,艾·里斯作为第一作者,为美国历史最悠久、影响力最大的营销杂志《广告时代》写了一系列题为'定位时代的到来'的文章。这组文章引发了整个行业的震动,几乎一夜之间,'定位'成了当时广告界和营销界的口头禅。今天,如果让我们为同一杂志写同样的文章,我们的标题则会变成'公关时代的到来'。因为无论从哪个方面看,营销都在经历着一个巨大的转变:从广告主导的阶段向公关主导的阶段转变。"

因此,在广告的可信度急剧下降的时代,企业不应该再迷信"广告一响,黄金万两",任何一个营销项目都要从公关开始,并且只有在达成公关目标后才能进入广告流程。广告不再是建立品牌的工具,企业应在公关创建认知之后,再用广告来强化和唤醒认知。《广告的没落，公关的崛起》这本书于2002年在美国出版以来，长期高居各大商业畅销书排行榜榜首，被翻译成十几种语言于全球发行，所到之处无不引发关于公关与广告二者孰优孰劣的激烈争论。一时之间，公关从业者奉此为"圣经"，到处宣扬；广告业者视此为"异端"，大肆批判。论战从美国开始，逐渐蔓延到欧洲、日本直至中国，成为2002年度全球营销领域的最大热点之一。

2015年之后：
品类比品牌更重要

早在2004年，艾·里斯和劳拉·里斯就在《品牌的起源》一书中提出，"品类"是品牌背后的关键力量。一直以来，很多企业普遍认为打造品牌的核心在于创造一个完美的形象，将"品牌"概念不断神化，认为品牌的知名与否决定了消费者是否购买，因此大量企业投入巨资宣传品牌。但在创新加速的时代，企业最需要警惕的是，品牌背后的品类是否还有市场。柯达曾经是全球最具价值的百强品牌之一，但却不可挽回地走向了破产。这是因为数码相机品类兴起，胶片相机品类衰落。多年以前，诺基亚也是一个极为强大的品牌。从1998年到2011年，诺基亚曾是全球销量最高的手机品牌。但诺基亚如今只占全球手机市场1%的份额。原因是，智能手机品类兴起，功能手机品类衰落。因此，在全球创新的时代，品类比品牌更重要。

美国作为全球第一大经济体，曾经是全球最大的实验室，孕育出了计算机、互联网、手机（特别是智能手机）、新能源汽车等席卷全球的重大创新产品，也诞生了IBM、微软、亚马逊、苹果等行业巨擘。

但2008年次贷危机导致了美国经济的严重衰退，对美国经济乃至全球经济都产生了重大打击，也带来了全球经济格局的新变化。其中一个重要变化是，中国成为美国之外的又一个全球商业创新中心。中国的互联网应用创新不断，如移动支付、电商、O2O服务等；尤为重要的是，中国在智能手机、新能源汽车、光伏等行业也诞生了具有全球竞争力的新创企业。此外，在消费品和餐饮等行业，具有本土特色的创新不断，一些既有品类，如火锅、现制茶饮等也正在征服越来越多的海外消费者。中美两国的这些创新，为定位理论近距离研究并参与创新实践提供了便利条件。

品类有一个重要特征，就是品类必然分化。在《品牌的起源》这本书中，艾·里斯和劳拉·里斯指出，品类分化是商业世界的重要进化法则。正如在生物世界的分化规律作用下，豹随着时间的推移逐渐分化出美洲豹、老虎、狮子等细分品种；在商业世界中，旧的品类在发展、进化过程中，也会逐步走向分化，例如中国的软饮料品类先后分化出瓶装水、植物蛋白饮料、茶饮料、能量饮料等诸多新品类。

在超级技术时代，创新的加速使得品类分化的速度越来越快。人工智能、机器学习、大数据分析、第五代移动通信技术、云计算、物联网、区块链等技术迅速发展并改变着我们的生活。在超级技术时代，技术已成为经济、政治和社会生活的关键要素之一，是企业乃至国家竞争力的决定因素。在过去，定位理论尚能够帮助品牌在单一品类中找到赖以生存的一隅之地，但进入超级技术时代，品类的迭代速度加快，创建品牌最好的方法并不是追逐一个现有的品类，而是创造一个可以率先进入的新品类。因此，在这个创新不断涌现的时代，定位理论"成为第一"的方法也发生了深刻的变化。

在创新加速的时代，尤其需要警惕的是"先驱"成为"先烈"，这是创新者最大的窘境。避免成为"先烈"的关键，在于避免基于"事实"进行创新，而要基于"认知"进行创新，即品类创新。循着定位理论对消费者心智的关注，品类创新理论把创新的基点也放在消费者心智上。品类创新是指，发现消费者心智中的品类空缺，然后去占据空缺。开创新品类的并不一定是产品或技术的发明者，但一定是品类的定义者；开创新品类并不一定要率先进入市场，但一定要率先进入潜在消费者心智。

作为20世纪最成功的产品，iPod缔造了通过新品类赛道促进品牌发展的经典案例。iPod推动了苹果的复苏，并成功开创了一个品类——存储海量音乐的播放器。事实上，这类音乐播放器是由新加坡创新科技有限公司于2000年9月率先推出的。这家公司虽然拥有创新的产品和技术，但在营销层面却犯了致命失误：它的产品有很长的名字——Creative Nomad Jukebox，外观也难以让人眼前一亮，它还有很长的产品线。这一系列的原因导致这个本有可能"成为第一"的产品没有被市场所接纳与认可。而在一年之后，苹果推出的iPod取得了巨大的市场反响。尽管在专利方面,苹果抄袭了创新科技有限公司,为此付出了1亿美元的赔偿,但也获得了20世纪最成功的新产品。为什么?首先,它有个新的名字"iPod",而不是MP3或点唱机(jukebox),这会让消费者直接感受到它是一个新东西。其次,它有个新的口号"把1000首歌曲放进口袋",这直截了当地说清楚了它最大的优势。再次,乔布斯站在了行业标准的对立面,在业内产品普遍使用黑色耳机和黑色线缆的当时,iPod使用白色耳机和白色线缆,这使得iPod不仅更时尚,而且带给消费者很不一样的外观感受。

因此,仅仅拥有技术创新是远远不够的,必须要将技术创新和营销创新结合起来。这就是一种全新的创新形式——品类创新。表1.1展示了品类创新与传统创新的区别。

表1.1 品类创新与传统创新的区别

区别项	品类创新与传统创新的比较	
	品类创新	传统创新
创新的标准	在心智中形成不同的认知,不一定要成为事实上的发明者	在事实上发明技术或产品
创新的范畴	技术、产品、管理、商业模式、营销,乃至语言、文字、图案等一切可以影响认知的要素	新技术、新产品等基于事实和有形的要素所进行的革新
创新的流程	外部驱动,以形成新认知为驱动力	内部驱动,以技术和产品来驱动创新
创新的目标	发现心智中新品类的空缺,从而开创并占据认知中的新品类	开创新产品、新技术
创新的难易程度	只需要掌握品类创新的观念和方法,而无须依赖庞大的技术、资金投入,从而极大地降低了创新的门槛,几乎人人可以实现	往往需要强劲的资金、技术实力,拥有强大的研发团队,难度大、门槛高

品类创新不仅让创新更具实践性,而且让定位更具长久战略性。首先,定位是一场有限的游戏,因为是在给定的心智阶梯中进行争夺,所以机会少且代价巨大。而品类创新是无限的,在新品类的赛道中,它是唯一,因而可以做到起步就是第一,无须花大资源去争夺,只需要在品类的成长过程中守住第一。其次,定位是最佳的竞争策略,而品类创新则让企业去把握品类完整生命

周期中的机会，并且还要顺应品类分化去把握无穷无尽的机会。所以，定位解决的是当下的增长和利润的问题，而品类创新关注的是企业从 0 到 1、从 1 到 10、从 10 到 100 的持续增长和持续赢利问题。所以，品类创新是企业成为第一的终极战略，能够帮助中小企业实现从 0 到 1 的跨越，也能帮助大企业不断打造新的增长极，突破发展瓶颈，最终实现企业发展生生不息。

在本章的最后，为各位读者附上定位理论的发展历程图（见图 1.3）。

定位理论的发展历程图

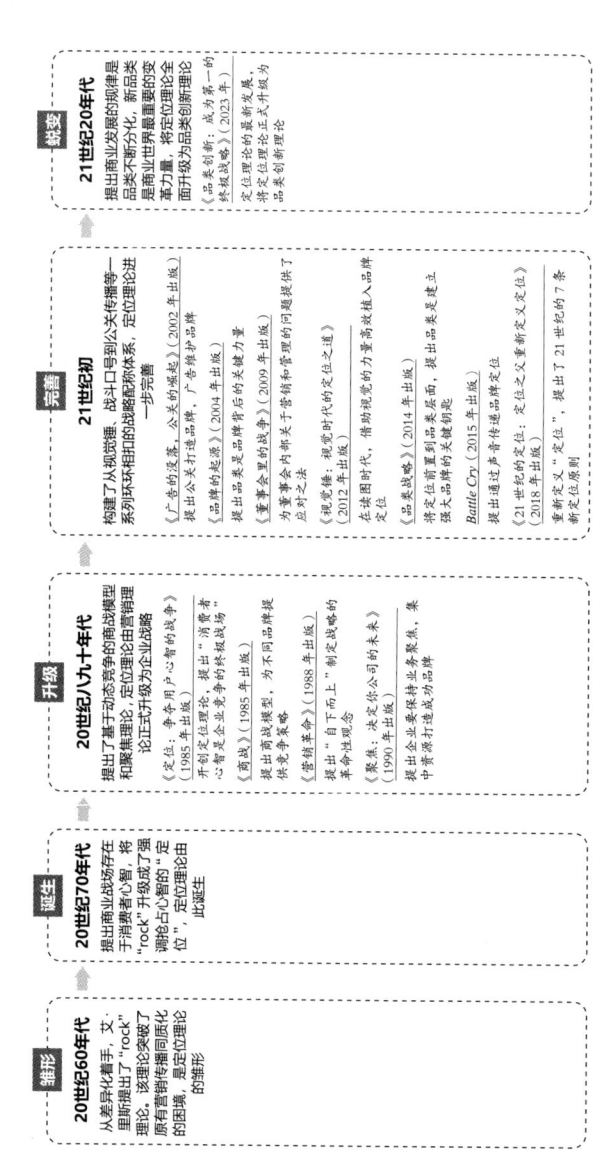

锥形 — 20世纪60年代
从差异化对手、文里提出了"rock"理论，该理论突破了原有营销传播同质化的困境，是定位理论的锥形

诞生 — 20世纪70年代
提出商业战场存在于消费者心智，将"rock"升级成了"定位"，抢占心智的"定位"，定位理论由此诞生

升级 — 20世纪八九十年代
提出了基于主动态竞争的商战模型和聚焦理论，定位理论由营销理论正式升级为企业战略
- 《定位：争夺用户心智的战争》（1985 年出版）：开创定位理论，提出"消费者心智是企业竞争的终极战场"
- 《商战》（1985 年出版）：提出商战模型，为不同品牌提供竞争策略
- 《营销革命》（1988 年出版）：提出"自下而上"制定战略的革命性观念
- 《聚焦：决定你公司的未来》（1990 年出版）：提出企业保持业务聚焦，集中资源打造成功品牌

完善 — 21世纪初
构建了从视觉锤、战斗口号到公关传播等一系列环环相扣的战略配称体系，定位理论进一步完善
- 《广告的没落，公关的崛起》（2002 年出版）：提出公关打造品牌、广告维护品牌
- 《品牌的起源》（2004 年出版）：提出品类是品牌背后的关键力量
- 《董事会里的战争》（2009 年出版）：为董事会内部关于营销和管理的问题提供了应对之法
- 《视觉锤：视觉时代的定位之道》（2012 年出版）：走进图时代，借助视觉的力量高效植入品牌
- 《品类战略》（2014 年出版）：讲支定位前置到表象面，提出品类是建立强大品牌的关键钥匙
- Battle Cry（2015 年出版）：提出通过声音传递品牌定位
- 《21 世纪的定位：定位之父重新定义定位》（2018 年出版）：重新定义"定位"，提出了 21 世纪重新定义定位的 7 条新定位原则

蜕变 — 21世纪20年代
提出商业发展的规律是品类不断分化、新品类是商业世界最重要的变革力量，将定位理论全面升级为品类创新理论
- 《品类战略》（2023 年）：定位理论的最新发展，成为第一的终极战略，将定位理论正式升级为品类创新理论

图 1.3 定位理论的发展历程图

第 2 章

定位的底层原理:
七大心智模式

回顾定位理论发展的各个阶段，虽然理论体系在不断丰富和完善，但其对消费者心智的关注始终如一（见图2.1）。

在雏形阶段，定位理论立场鲜明地提出，要关注潜在消费者，特别是潜在消费者的心智。这跟当时流行的三种广告方法仅关注产品有着显著的差异。

在诞生阶段，定位理论提出"率先占据（消费者）心智中的一个空缺位置"。因为产品和广告大爆炸，进入消费者心智的通道极为拥堵，所以品牌要成功，就要占据消费者心智中空缺的位置。

在升级阶段，定位理论在消费者视角之外补充了竞争视角，即根据竞争中的位置采取合适的商战方法；同时还补充了管理视角，即业务要聚焦，不能无边界地延伸。这两个视角的终点都是夺取消费者心智，采取竞争视角是为了在心智中把对手挤开，采取管理视角是为了在源头保障攻占心智有充足的资源。

在完善阶段，视觉锤和战斗口号的提出，都是为了完善品牌进入心智的方式。例如，通过视觉符号、声音这些更直接、令人印象更深刻的方式，把定位植入心智。品牌建立之所以需要运用公关手段，也是因为从消费者心智角度看，公关更能建立可信度。

在蜕变阶段，定位理论把创新从"产品创新"层面推进到了"心智创新"层面，只有进行符合并占据消费者心智的品类创新，才能避免创新者从先驱变成先烈。

由此可见，心智构成了定位理论的"阿基米德基点"，心智也是定位理论重新理解商业世界的"透视镜"。

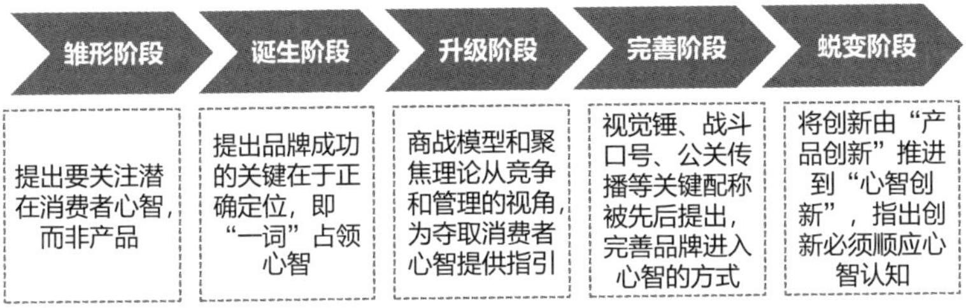

雏形阶段	诞生阶段	升级阶段	完善阶段	蜕变阶段
提出要关注潜在消费者心智，而非产品	提出品牌成功的关键在于正确定位，即"一词"占领心智	商战模型和聚焦理论从竞争和管理的视角为夺取消费者心智提供指引	视觉锤、战斗口号、公关传播等关键配称被先后提出，完善品牌进入心智的方式	将创新由"产品创新"推进到"心智创新"，指出创新必须顺应心智认知

图 2.1 定位理论在各个发展阶段对消费者心智的关注不断升级

企业竞争的终极战场在于消费者心智

根据艾·里斯的回忆,他初次引入"心智",是为了使定位理论跟当时通行的广告方法区分开来;但在定位理论的持续发展过程中,我们可以看到,心智越来越具有战略上的意义。因此,要理解心智的重要性,我们需要从战略规划角度对其进行审视。

战略规划是什么?在商学院的战略体系中,战略分为三个层面:一是公司战略,二是事业单位战略,三是职能单元战略。战

第 2 章 定位的底层原理：七大心智模式 / 047

略的核心不是策略，而是目标，即先确定公司的增长目标，描画蓝图，然后将公司目标拆解为事业单位的目标，最后再分解为各个职能单元的目标。举例来说，首先，确定公司层面 2023 年营收达到 100 亿元。其次，分解公司总体目标，制定公司旗下每个事业单位的目标，这个事业单位 20 亿元，那个事业单位 10 亿元……再次，设计各个职能单元的考核指标。这是今天大多数企业所采取的战略规划方式，也是商学院非常推崇的、经典的战略规划方式。

从实践来看，围绕蓝图打造的战略规划只有两个结果：一是企业规划的百亿元、千亿元目标和蓝图实现不了；二是企业集中所有资源实现了蓝图，但很快就陷入了困境，开始亏损。这样的例子非常多，比如前文所提到的美国的几家航空公司以营收目标作为战略目标，多元化地扩张业务和服务领域。尽管业务规模在不断扩大，但航空业也因此逐渐陷入困境，美国航空业在 4 年间亏损多达 128 亿美元。再如美国联合航空集团（United Airlines Group）的前任主席理查德·菲瑞斯曾将美国联合航空公司（United Airlines）、希尔顿国际集团（Hilton International Group）、威斯汀饭店和度假村（The Westin Hotel & Resort）以及赫兹租车公司（Hertz Global Holdings）合并成为一个名叫阿利吉斯集团（Allegis Group）的大杂烩式旅行业实体。而现实尤为残酷，集团业绩不断下滑，菲瑞斯很快就被迫离任。新的经营者保留了航空公司，卖掉了其他所有公司。

这些例子给我们一个启示：**那些以蓝图为起点制定公司战略的公司，注意力往往集中于描画蓝图和制定目标，却没有解决具体事业单位的竞争力问题，故而无法保证蓝图的实现**。这就是我们说的，"战略起于蓝图，流于蓝图"。

蓝图太多，是大企业普遍面临的问题。反观很多大企业持续成功的发展历程，都如《基业长青：企业永续经营的准则》的作者詹姆斯·柯林斯（Jim Collins）所说的："这些公司在创立初期大多没有明确的公司战略规划，而是从具体业务出发，逐渐发展壮大，最后找到并确定了长期发展方向和目标。"换句话来说，这些公司的成功源自具体业务上的突破，而非长远的发展目标。有记者曾问IBM前CEO郭士纳（Lou Gerstner），IBM的蓝图是什么。他说："IBM最不需要的就是宏伟蓝图，它需要的是，它的每项业务都有有竞争力、高效的战略。"

在战略领域，迈克尔·波特是全球商学院体系公认的大师。

第 2 章 定位的底层原理：七大心智模式

他有一个振聋发聩的观点：很多企业误认为重要的东西都是战略，如"营销战略""财务战略""技术战略"等。很多企业制定"财务战略""人力资源战略"，是为了提高这部分的重要性和自身对这部分的关注度。因此，准确地说，它们称不上"财务战略""人力资源战略"，只能说是具有战略重要性的"财务规划""人力资源规划"。

那么，什么才是真正的战略？**战略是那些让企业保持与竞争对手的差异性，进而战胜对手的东西**。很多企业家把经营的重心放在企业内部，特别是运营效益的改善。但在迈克尔·波特看来，这种做法很危险，因为行业中不同企业的经营行为往往会走向雷同。企业越是向标杆学习，或者越是将业务外包给高效的第三方运营商，企业的运营活动就越雷同，即在质量、生产周期或供应伙伴关系等方面越来越趋同。在迈克尔·波特看来，这样的竞争就会变成"一场殊途同归、无人胜出的战争"，"以运营效益为基础的竞争是互相残杀的竞争，会导致无谓的损耗"。

走出这种局面的关键，是"企业要选择一套不同的活动，以创造一种独特的价值"。例如前文提到的西南航空，主要做经济型旅客的生意，产品上只提供短程、高效且简单的廉价服务，运营上只采用一种机型、不提供货运、限制托运行李,高度差异化且聚焦的定位使得西南航空成为美国航空公司中盈利能力最强的企业。再比如大家所熟知的宜家家居,看起来什么家具都卖,但它并不给所有类型的消费者提供服务,而只聚焦年轻的家具购买者,以至于年轻消费者购买家具时会首选宜家——这是宜家创造差异化的价值所获得的回报。这是迈克尔·波特在1996年发表的《什么是战略》中表达的观点,它跟1985年出版的《定位:争夺用户心智的战争》中的观点何其相似:产品大爆炸,广告大爆炸,品牌一定要警惕同质化,因为唯有差异化才能进入心智。所以,在《什么是战略》发表之后,摩根士丹利专门刊出一篇文章,指出迈克尔·波特是在重申艾·里斯和杰克·特劳特的思想。大师们的观点不谋而合,无非印证了一个道理,那就是"竞争就要实现差异化"。但是,跟迈克尔·波特不一样的是,定位理论提出,竞争的终极战场,或者说实现差异化价值的终极战场,不在别处,而在消费者的心智。

工厂曾经是竞争的战场。在20世纪四五十年代,当时的西方各国物资短缺,产品供不应求,企业不愁产品没有销路,商业社会基本处于"工厂生产什么,消费者就买什么"的阶段,也就是"工厂时代"。美国的福特是工厂时代的典型代表。福特通过不断完善流水线作业模式，率先实现了汽车的大规模、标准化量产。当时亨利·福特曾傲慢地宣称："不管消费者需要什么颜色的汽车，我只有一种——黑色。"

中国的20世纪80年代，也是"工厂时代"。当时恰逢中国改革开放初始阶段，是计划经济开始走向市场经济的过渡时期，物资匮乏，生产设施和技术都比较落后，供应远远满足不了需求。这个时候，工厂生产出来的产品不愁卖。工厂时代的权力掌握在"分配者"手里，"消费者"没有话语权。因此，在这个时代，企业竞争的实质就是产能的竞争，谁能生产出产品，谁就是赢家。中国卷烟品牌红塔山之所以成功崛起，就在于掌握了工厂。当时的玉溪卷烟厂厂长褚时健提出了"以烟田为第一车间"，深入农户烟田，狠抓烟叶质量，并大胆决策动用几乎云南省全年的外汇储备，购买了当时国际先进的卷烟生产线。云南卷烟行业率先走出了卷烟工厂技术改造、"以烟田为第一车间"、实施"三合一"体制改革三步棋。云南卷烟行业最具代表性的品牌"红塔山"一举走向全国，成为当时中国卷烟行业的第一品牌。

但工厂的短板不难补齐，正如卷烟行业，后来各地的卷烟工厂如雨后春笋般涌现，竞争的战场随之转移到了渠道。进入20世纪六七十年代，西方社会生产技术越来越普及，生产效率不断提升，新产品不断涌现，产品极为丰富。在这个阶段，企业只要能掌握更多销售渠道，就能占据更大的市场。销量的扩大反过来强化了规模效应，企业因而可以用更低的成本参与竞争，进而把渠道能力弱的企业挤出市场。因此，在这个阶段，企业间竞争的主战场由工厂转移到市场，商业竞争也进入到第二个时代——"市场时代"。美国零售业巨头沃尔玛和凯马特分别在这个阶段成立了第一家沃尔玛百货商店（1962年）和第一家凯马特折扣商店（1962年）。沃尔玛和凯马特不生产产品，但是它们掌握了销售渠道，消费品企业争相进入它们的渠道进行销售。

中国在20世纪90年代进入"市场时代"。当时改革开放已初见成效，市场经济蓬勃兴起，市场上的商品选择越来越多。这个阶段的典型企业是娃哈哈。1994年，娃哈哈在中国快速消费品行业中率先建立起了覆盖全国，尤其是乡镇市场的销售网络。依靠这一联营体网络，娃哈哈的产品，包括非常可乐等，得以在可口可乐和百事可乐暂时无法渗入的乡镇市场占据自己的空间，也因此获得法国食品饮料跨国公司达能的青睐——1996年，达能与娃哈哈进行了合资。

渠道的短板不难补齐，饮料行业的后来者康师傅、农夫山泉等都开始往线下各大层级市场、各大渠道铺货。从一、二线到三、四、五、六线城市，从食杂店到小型超市、中型超市以及大卖场，它们都建立了广泛的渠道网络。慢慢地，企业开始发现，有了优质的产品，也有了渠道陈列，却难以取得良好的市场表现，因为在销售终端，类似的产品太多了。品牌如何被消费者记住、被消费者选择，成为核心问题。此时商业竞争开始来到最终的战场——"消费者心智"，"心智时代"来临。

美国遭遇这一问题，主要是在20世纪70年代。产品越来越多，销售渠道也经历了大发展，消费者有很多的商品和品牌可以选择。这个阶段竞争的关键就是占据消费者心智。21世纪以后，中国品牌也陷入了类似的困境。因为中国经济呈现了腾飞式的发展，推动了产品类别的极大丰富和产品数量的急剧增加，零售渠道越来越完善，供应远远大于需求。尤其是互联网、智能手机的高速发展，使得信息极度充分，传播环境日趋复杂，广告对人们的干扰程度日益加剧。"产品过剩"和"信息爆炸"是这个时代的两大显著特征。人类的大脑容量有限，消费者面对成千上万的产品和狂轰滥炸的信息，疲于应付，对信息呈现"排斥"的态度，抢占消费者的关注和选择已变得极其困难。

商业环境的变迁，导致了经营逻辑的调整：这个时代的话语权已不掌握在企业、工厂、渠道手中，这个时代由消费者说了算。你卖不卖货、在哪里卖货已无关紧要，无数的企业在抢着满足消费者需求。如何驱动消费者购买产品或服务，已成为企业运营的重中之重。商战的硝烟已经弥漫在消费者大脑中，而不是物理市场中。当今企业之间的竞争已不在于抢夺生产资源、渠道资源，而在于抢夺"心智资源"。

定位就是"率先占据（消费者）心智中的一个空缺位置"。在心智时代，发生在中国市场上的经典案例是：面对成千上万的饮料品牌，王老吉通过"怕上火，喝王老吉"占据消费者心智；香飘飘率先喊出"香飘飘奶茶，一年卖出3亿多杯，杯子连起来可绕地球一圈"，通过直观的销量数额暗示消费者它是奶茶界的领导者，让消费者联想到"越多人来买，说明东西越好"，以此占据奶茶品类的消费者心智。

关注消费者心智，归根结底，解决的是企业的竞争力问题。

那么，消费者的心智到底是什么？

第 2 章　定位的底层原理：七大心智模式

在世界知名认知心理学家、语言学家和科普作家史蒂芬·平克（Steven Pinker）看来，心智是一个高度复杂的计算系统。他强调说，这里的高度复杂倒不是说能够做出非凡成就，例如创作出莫扎特、莎士比亚的作品或者发现爱因斯坦的理论；恰恰相反，心智的高度复杂体现在大家习以为常的日常生活能力，即感知、推理、情感和社交上。

史蒂芬·平克以感知举例说道："我们能够辨别颜色，认出母亲的面孔。我们能够力度适中地拿起一盒牛奶——不至于太轻，让盒子掉到地上；也不至于太重，把它捏扁。"再如推理："我们还可以来回摇晃盒子，通过手指的力感来判断里面还剩多少牛奶。我们能够对外部世界做出推断，比如打开冰箱门时，我们知道什么事情会发生，什么事情不会发生。"这些都是人们生活的日常，就连小朋友都能轻松地做到这一切，但是如果要打造出一个具有感知、推理能力的机器人，这恐怕比登上月球或者为人类基因组测序还难上百倍。

或许你会说，在当今时代，手机摄像头有识别物体的功能，ChatGPT能帮我们做逻辑推理题。但需要知道的是，所有这一切还只是"功能"，而不能说是"能力"。当ChatGPT被问及它的运作原理跟推理有何差异时，它的回答是："我是一种大语言模型，是基于大规模语料库的神经网络模型，能够预测下一个单词或短语的概率，并生成更流畅的句子。"它的主要目的是根据已有数据统计生成看起来合理的文本，如进行自动写作、机器翻译等。大语言模型的输出基于统计，没有任何明确的推理过程。所以，它只是表现得像是在推理，而非真正在进行推理。感知、推理、情感和社交这些能力，才是心智的神奇之处。

根据心灵哲学（philosophy of mind）给出的定义，心智指的是人非物质的一面。它包含了感知、思考、意识、情感、意志等方面，是人类独有的。心智是具有内在活力和能动性的能量，它与身体相互作用，同时也超越了身体的局限性。在心灵哲学中，心智是人类最深层的本质，是我们思考、感知和行动的源泉。

心智和外部世界存在密切关系，它们相互作用，影响着我们。外部世界的刺激会进入我们的感知系统，在心智中进行加工和解释，从而影响我们对事物的感知。从这个角度看，**心智是过滤信息、接收信息、处理信息和存储信息的方式和空间**。外部信息想要成功进入我们的意识，需要经过心智的过滤，才能被接受并进行处理，处理过的信息将被存储在心智当中。例如，当你集中注意力做一件事情时，你可能会忽略周围的其他声音和信息；当你倾向于寻找支持自己观点或理念的信息时，你可能会忽略与之矛盾或相反的信息；当过去的经验或信仰给你带来一定的偏见或判断标准时，你可能会在解读信息时带有这种偏见。因此，艾·里斯描述道："人的心智是海量传播的防御物，屏蔽、排斥了大部分的信息。一般而言，人的心智只接受与其以前的知识与经验相匹配或吻合的信息。"

还有一个与心智息息相关但又不同的概念是"认知"。**被心智所处理和感知到的最终信息便是认知**，包括感觉、知觉、记忆、思维、想象和语言等。我们的认知会反过来影响我们对外部世界的理解和行为。例如，当一个人走过一座陡峭的山坡时，他可能会感到害怕和担忧。这是通过人的感官系统（视觉和平衡感）和大脑处理来形成的。这种经验可以影响这个人未来的行为，比如可能会让他避免走类似的陡峭山坡。此外，如果这个人曾经来过这个地区或者对登山有过经验，他的认知也会影响他的理解和行为。当人们购买产品或服务时，他们的品牌选择通常受到认知因素的影响。例如，人们倾向于选择他们知道的品牌，因为他们认为这些品牌更值得信赖。在线评论的内容和评级可以给予人们关于产品或服务的正面或负面的认知，消费者倾向于选择具有积极评论和评级的产品或服务。以前对某个品牌的经验会影响一个人对该品牌的认知，一般来说，消费者一旦拥有了关于某品牌的负面经验，他们便倾向于不再购买该品牌的产品或服务。

因此，品牌要被消费者选择，必须符合消费者的心智筛选规则、进入消费者的心智，而且还要让消费者产生购买的认知。看到这里，也许会有读者产生疑问，那么消费者心智会不会因人而异，而且很容易发生变化？笔者的回答是，并不会。消费心理确实是因人而异和多变的，但消费者心智是相对稳定的。

消费者心智和消费心理是两个不同的概念。消费者心智代表着人们对一个品牌的认知和理解，是在与品牌的信息、形象和各种传播手段的接触中得出的观点。例如，如果一个品牌被认为是高端奢侈的，那么在消费者心智中这个品牌就与高品质、高价值、高社会地位等挂钩。消费心理则代表着人们在购买过程中的感受和情感，是生理、心理因素和个人价值观等的综合表现。例如，如果一个消费者特别喜欢一件咖啡色的衬衫，可能是因为这件衬衫让这位消费者在穿着时感到舒适和自信，符合其个人品位和价值观。消费者心智和消费心理两者有所重叠，但消费者心智更侧重于客观的认知和分析，而消费心理更侧重于主观的情感和体验。根据史蒂芬·平克的研究，人类在感知和理解方面具有高度的统一性。我们都有共同的心智模式，即我们在收集信息、存储信息、过滤信息的机制上，具有普遍性和稳定性。这是人类在千万年漫长的发展进化历史中，在自然选择作用下，逐渐形成的一种稳定的信息处理机制。

心智的这些规律构成了定位理论的底层逻辑。过去，艾·里斯及杰克·特劳特基于营销和商业洞察，将心理学引入商业世界，总结出了"五大心智模式"，分别是心智斥同存异，心智排斥复杂，心智缺乏安全感，心智不易改变，心智排斥多重身份。随着认知心理学和商业实践的发展，定位理论也在不断完善和升级：一方面，原有的部分"心智模式"得到了优化；另一方面，新增加了两个模式——"心智启于分类"和"阶梯有限而品类无限"，这两个模式与原有的五个模式共同构成"七大心智模式"，奠定了定位理论背后深层的原理基础（见图 2.2）。

为了更好地理解心智的这些运行规律，本章的后续小节会逐一剖析每一种心智模式，即我们到底是怎么收集、处理和运用信息的，以及我们在与消费者的互动中，怎样把每一种心智模式运用到极致。

图 2.2　七大心智模式

- 心智启于分类
- 阶梯有限而品类无限
- 心智斥同存异
- 心智排斥复杂
- 心智缺乏安全感
- 心智不易改变
- 心智排斥多重身份
- 七大心智模式

心智模式一——心智启于分类：
消费者以品类思考，用品牌表达

人类对世界的认识，起源于"是什么"这个问题，也就是我们常说的人类世界第一问。为了回答这个问题，我们不得不对事物进行分类，以帮助我们理解、认识陌生事物。例如，在认识知名国际影星李小龙时，我们的大脑会启动相应的程序，不断对他进行归类，男性、黄种人、美籍华人、功夫影星，直到我们找到心智中合适的最小分类。

史蒂芬·平克指出，心智会对信息进行分类的重要原因在于，分类能够帮助人类进行推理，通过观察已有事物的特征并对其进行分类，使人类能够根据分类推理得到未观察到的事物特征。这不但赋予了人类快速认知已知事物的能力，还让人类能够快速认知未知的事物。经典的20问游戏就很好地体现了这一神奇的心智模式。被提问者的心中浮现一个事物，提问者最多只能向被提问者问20个问题，而被提问者只能回答"是的"或"不是"，提问者通过问答过程最终猜出被提问者心中浮现的事物是什么。这个只能回答"是的"或"不是"的提问过程，就是借助已知进行分类，通过分类找到未知的过程。

例如，当被提问者心中浮现的事物是一只大熊猫时，提问者开始问问题。

- 它是一个活物吗？ 是的。
- 它生活在野外吗？ 是的。
- 它比大象大吗？ 不是。
- 它有毛吗？ 是的。
- 它很稀有吗？ 是的。

第 2 章　定位的底层原理：七大心智模式

- 它是黑白两色的吗？ 是的。
- 它是大熊猫吗？ 是的。

提问者在 7 个问题内，成功猜出了被提问者心中浮现的事物。由此可见，对信息进行分类和处理是心智运转的第一步，是心智运转的基础，也是其他所有心智模式的前提。

对应到商业世界中，艾·里斯和劳拉·里斯基于对消费者行为的长期研究，提出了深刻的洞见：品类是能够影响消费者购买决策的分类，"消费者以品类来思考，用品牌来表达"。品类是什么？品类就是消费者得出购买决策时对商品的分类。比方说，口渴了，去便利店买瓶茶饮料，这里的"茶饮料"就是品类；在便利店的货架前，思考到底是喝"果汁茶""柠檬茶"还是"无糖茶"，这是更加细分的品类。恰恰是这些类别，构成了驱动消费者产生购买欲望和购买行为的根源。**消费者往往先决定自己想要购买的品类，然后通过其认知中相应品类的代表品牌来表达其购买诉求。** 比如，当你想要购买一瓶饮料解渴时，你首先会思考要购买的是矿泉水、碳酸饮料还是奶茶……一旦选定具体品类，你就会以品牌形式将它表达出来——若你想要购买矿泉水，你会说："我要买一瓶农夫山泉。"

心智启于分类给商业实践带来的第一个重要指引是：把品牌植入消费者心智，关键是要成为品类的代表。消费者在选择品牌之前，实际上会先选择品类，所以，**当品牌看起来跟品类缺乏紧密联系时，那么品牌实际上就在做无用功**。例如，大量的乳制品品牌都以"健康"为卖点，这固然没错，但消费者在货架前选择时，亦有可能选择以"口味"为卖点的乳酸菌饮料。具体到酸奶大类里边，消费者是在各个价格档次、0蔗糖或有蔗糖之间做选择。因此，品牌的传播，绝不能脱离消费者选择的品类。"怕蔗糖，喝简醇0蔗糖酸奶"就是一个非常恰当的传播口号，它把"简醇"品牌跟它所代表的品类"0蔗糖酸奶"紧密地结合在了一起，让怕糖的酸奶消费者一想到"0蔗糖酸奶"就想到"简醇"品牌。

需要注意的是，有时候企业会陷入"伪品类"的误区。什么是"伪品类"？简单来讲，就是产品在行业中的分类，而不是消费者在做出购买决策时对商品的分类。当一个品牌基于行业中的分类方法，把自己的品类界定为"厨电"时，产生的问题是：当消费者想要买厨房电器时，他们大脑里出现的是"厨电"吗？"厨电"是行业中的类别，而非消费者心智中的类别。例如，你的朋友最近在装修，在厨房电器这块他想要购买一台油烟机、一

第 2 章 定位的底层原理：七大心智模式

个灶台、一个烤箱、一个消毒柜……在这种情况下，这个品牌如果花大量的传播资源传播它是"厨电"的专家与领导者，那么实际上没法给消费者传达任何有效的信息，这就是明显的"认知脱钩"。

心智启于分类给商业实践带来的第二个重要指引是：**想要成为品类代表，就要明白"部分大于整体"**。无论是在日常生活中还是在数学中，整体大于部分，这是人尽皆知的真理。正因如此，很多企业在进行战略规划时总想着"下一盘大棋"。例如，做汽车的，不满足于只做一种车型，希望能够涉足各个车型市场，轿车、SUV、MPV（multi-purpose vehicles，多用途汽车）、皮卡甚至工程车等都要做；做乳制品的，不满足于只做一个小品类，而是希望能够销售所有乳制品类别，酸奶、牛奶、奶粉甚至奶酪等都要做；做家具的，也不满足于只做一两种产品，而是希望能够做出全屋家具，沙发、桌椅、床、床垫、衣柜、餐边柜等都要做。但出人意料的是，在现在的市场上，根本看不到能够主导整个行业的品牌，例如主导所有汽车车型的品牌、主导所有乳制品类别的品牌、主导所有家具的品牌。我们耳熟能详的，往往都是代表细分品类的，比如汽车行业有经济型SUV品牌哈弗、豪华跑车品牌法拉利、智能电动汽车品牌特斯拉；乳制品行业有牛奶品牌蒙牛、高端酸奶品牌安慕希、0蔗糖酸奶品牌简醇；家具行业有沙发品牌芝华仕、床垫品牌慕斯、定制衣柜品牌索菲亚、实木地板品牌久盛等。

之所以会出现这种情况，背后的核心原因正是"消费者以品类思考，用品牌表达"。当消费者说"我要买特仑苏"时，想要的是"高端纯牛奶"；当消费者说"我要买简醇"时，想要的是"0蔗糖酸奶"；当消费者说"我要买iPhone"时，想要的是"高端智能手机"；当消费者说"我要买特斯拉"时，想要的是"智能电动汽车"；当消费者说"我要买茅台"时，想要的是"高端酱酒"……消费者所选择的品类，往往是很具体的品类，品牌想要占据的如果是一个宽泛的类别，自然会跟消费者的选择错位，导致没法进入消费者心智中的备选名单。所以，想要主导品类，就要从局部入手，而非整体。例如，老板没有强调自己是厨电行业的领导者，它选择了消费者购买厨房电器时最先考虑的也最关注的一个品类——油烟机，老板以此为切入点并主打"大吸力油烟机"。这个定位，不仅帮助老板成为油烟机品类的领导者，还帮助它在灶具、消毒柜、洗碗机等厨房电器品类实现了份额领先。

第2章　定位的底层原理：七大心智模式 / 067

费大厨：局部的胜利

"部分大于整体"在中国的餐饮市场体现得淋漓尽致。中餐文化源远流长，如果要说一个代表中餐的品牌，我们脑海里浮现的可能有火锅品牌海底捞、中式快餐品牌老乡鸡、烧烤品牌木屋烧烤、烤鸭品牌全聚德……但若具体到八大菜系，我们往往很难想到湘菜的代表品牌、川菜的代表品牌。如今，主打辣椒炒肉这道菜的费大厨有可能打破这一僵局，成为湘菜第一品牌。

2003年，年仅22岁的费良慧在家乡衡阳创办了同新餐饮。他做的辣椒炒肉独具特色，在食材和烹饪技法上都有创新。辣椒炒肉在店内推出后大受消费者欢迎，基本实现每桌必点。尽管同新餐饮在当地小有名气，但湖南不乏好吃的辣椒炒肉，而且遍地都是各有特色的湘菜馆，同新餐饮很难从中脱颖而出。2017年，同新餐饮做了发展史上最重大的一次战略变革：更名为费大厨，并且明确提出聚焦辣椒炒肉，把原本的一道菜上升到一个细分品类的高度。这背后的意义在于，人们未必说得出湘菜除了辣到底还有什么具体的特点，但是一提到湘菜，基本上都会想到辣椒炒肉，可以说它是很多人认识的"第一道湘菜"，也是湘菜在从南到北的餐饮消费者中接受度最高的一道菜。如果把这道菜的消费者心智稳稳占据，那么就有机会成为湘菜第一品牌。从 2019 年开始，费大厨发展势头非常强劲，连续 3 年获得大众点评"长沙必吃菜第一名"，并且从长沙迈向全国，在上海、北京、深圳、广州等一线城市开设直营门店。在很长一段时间里，这些直营门店都异常火爆，霸占当地湘菜热门榜第一名的位置。2023 年，费大厨在全国的直营门店数量达到近 100 家。从营收角度看，费大厨已经成为全国湘菜绝对的领导品牌。

主导一个品类，要从局部入手。在任何一个能叫得出名字的品类中，能够获得长期胜利的品牌，大多是聚焦于局部的品牌。"大而全"的布局只在专家品牌[1]出现前有效，一旦专家品牌出现，便会迅速溃败。

---

[1] 专家品牌指的是，在品牌打造上聚焦一个品类的品牌。例如：斯巴鲁是聚焦四驱车的品牌，是打造四驱车的专家；费大厨是聚焦辣椒炒肉的品牌，是做辣椒炒肉的专家。——编注

心智模式二——阶梯有限而品类无限："第一"胜过"更好"

有两个常见的关于消费者的试验可以展示消费者心智模式的特点。

第一个试验是：任意找一个人，请他在一分钟内说出他所知道的可乐品牌。其中当然会有可口可乐、百事可乐，或许还会有非常可乐，但还有什么可乐品牌？大多数人都难以罗列出更多的可乐品牌。事实上，仅在中国市场中曾经出现过的可乐品牌就超过40个。让人震惊吧？这就是"品类阶梯"。

心智启于分类，消费者的心智中会有很多的品类，我们可以把这些品类想象成一个一个的小房间，每个小房间里面都有阶梯，在台阶上从上到下依次摆放着这个品类里边的第一品牌、第二品牌、第三品牌……例如，可乐品类就是一个小房间，房间的阶梯从上到下可能是可口可乐、百事可乐……大量的试验发现，在消费者心智中，每个品类里边的阶梯不会超过7层，对非常熟悉的品类，有时会达到9层，而对那些不常接触、不了解的品类，可能只有两三层。例如，在手机品类中，人们能想到的品牌往往会比较多，如苹果、华为、小米、OPPO、vivo、荣耀、三星等；在油烟机品类中，中国消费者一般能想到的品牌就是老板、方太、华帝，其他的就比较困难了。过去几十年的消费者测试几乎没有例外。这也验证了著名心理学教授乔治·米勒（George A. Miller）的"7±2定律"，即在**同一个品类中，消费者大脑中存储的品牌数量通常是7±2个，即5个到9个**。这就是"阶梯有限"的道理。

第二个试验是：任意找一个人，请他在一分钟内说出他所能想到的消费品品类。衬衫、可乐、智能手机、洗发水、连锁酒店……人类衣食住行的方方面面都充斥着品类的身影，相信给你足够的时间，你甚至可以无限罗列下去。这就是"品类无限"的道理。

两个试验的结果形成鲜明的对比。这个有意思的现象可能源于人类进化的历史，这是人类在渔猎采集时代迫于生存压力形成的独有心智模式。在渔猎采集时代，人类的食物极其匮乏，在同一个品类中可以选择的食物非常少，为了生存，人类只能不断探索新的食物来源和种类。因此，在心智中，"类"的存储空间是无限的。丹尼尔·卡尼曼说过："大脑存储类别的数量是无限的，但大脑对同一类别的信息清单会有限制。这是因为，同类别的信息会对人的记忆产生竞争，但类别与类别之间不存在这种竞争。"而在今天，虽然受益于科技和现代工业的发展，人类的生存压力已不复存在，在每个品类中都有了海量的选择，但在过去上百万年的进化中沉淀形成的心智模式，并不会因为近几十年的环境变化而产生显著变化。

"阶梯有限而品类无限"的心智模式对商业实践有一个很重要的启发："第一"胜过"更好"。一定要成为品类内数一数二的品牌，如果不能，品牌的生存空间就很容易受到头部品牌的挤压。而且只有比头部品牌更努力、更低价，品牌才能存活下去。此时最好的选择是去开创一个新的品类。因为虽然阶梯有限，但是品类无限。当既有品类中已经存在代表品牌时，想要撼动其领导地位往往十分困难。品牌想要实现突围，最好的方法就是开创并占据一个新品类。作为新品类的开创者，品牌起步就是领导者，是新品类的代表品牌，在消费者心智中具有更高势能，也更容易成为消费者的首选。

只要是品牌，就应该争夺品类里"第一"的桂冠。这是因为"第一"是不可辩驳的，是品类中最具有价值的位置。因为心智阶梯有限，"第一"往往会成为"唯一"，第一品牌的名字常常会变成该品类的代名词，如邦迪创可贴、舒洁纸巾、达美乐外卖比萨等。而一旦成为品类的代表，品牌自然也就更容易被消费者选择，从而能够获得这个类别中最大的份额。

心智中的"第一"还具有光环效应。品牌一旦成为心智中的"第一""领导者"，消费者就自动认为其在产品品质、技术、售后等各方面都更具优势，更值得信赖。因而，消费者愿意为品牌支付更高的溢价，容易提高购买频次，对品牌具有更高的忠诚度。领导者光环能让品牌赢得更多优势,从而维持更久的"第一"。

然而,在实际的商业实践中,**大量的品牌仍然在用"提供更好的产品"这一思路做品牌。可残酷的是,"更好"注定无法打败"第一"**。

首先,"更好"缺乏可信度。消费者心智是企业竞争的终极战场,消费者购买行为背后隐藏的是其对不同品牌的认知。传统营销理念认为,更好的产品是商战决胜的关键,然而普通消费者通常很难仅凭购买时的粗浅了解,就可以判断出一个产品在事实上到底是不是采用了更好的技术,拥有更好的品质。经常发生的情况是,消费者靠个人的感觉做决策——"我觉得这个品牌的质量最好,所以我购买了它的产品。"要知道,消费者认为"这个品牌的质量最好",并不是靠科学检测,而是靠网友的评价、达人的测评、身边人的口碑所得出的结论——这一切都未必是事实,而是各式各样的"认知"。因此,对营销来说,影响消费者的认知,尤为重要。

而大多数品牌都在试图用更好的产品来赢得市场,这实际上是在挑战认知。在消费者认知中，"第一等于最好"，第一品牌的产品比其他品牌更好，所以它才能成为领导者。当一个品牌宣传自己"更好"时，自然会陷入被怀疑的陷阱——"如果你有更好的产品，你为什么不是第一？"不要挑战消费者的认知，因为赢的总是认知。

其次，"更好"是在强化领导者。一个品牌在宣传自己"更好"时，实际上陷入了跟随者困境。

从战术层面看，"更好"只会令品牌陷入与领导者同质化的陷阱。因为"更好"对准的靶子是领导者，试图通过对标领导者，在某些方面做得更好，来超越领导者。这实际上是一种跟随策略，领导者做了什么，品牌就立马跟进，然而朝着与领导者相同的方向发力，只能导致"越努力，越落后"。跟随者将难以挖掘出自身有效战略的更多可能，从而错失大量品类创新机会，继而无法走在品类的前端，超越领导者。

从认知层面看，"更好"这种"比较式"发展策略，实际上是在给领导者"抬轿子"和做宣传。因为"更好"将领导者视为比较的基准，为了产生比较效果，品牌每次说"更好"都将提到领导者,领导者反而成了品牌说自己好的支撑点。这等于在为领导者做免费的公关引流,帮助领导者教育市场。品牌越宣传,消费者对"第一"的领导者认知越稳固,品牌越难以颠覆"第一"的领导地位。

恒大冰泉的失败:"更好"不如"第一"

很多企业都认为,只要有更好的产品,就能在市场上获胜。但作为战略家,应该始终牢记,"更好"不如"第一"。一个有代表性的失败案例就是恒大冰泉。

2013年,地产巨头恒大集团在市场上推出了被公司内部寄予厚望的恒大冰泉品牌,试图借助强大的资金支持,从原料、工艺、模式、传播等各方面超越农夫山泉,以更好的产品跨界挑战瓶装水领导者农夫山泉。

- 更好的原料:从初期的"黄金水源,深层矿泉",升级为"长白山深层火山岩矿泉水"。
- 更好的工艺:从各国引入先进设备、技术,不断优化提升水源的制取工艺。

- 更好的模式：是首个科普矿泉水及饮水健康相关知识的品牌，开创了矿泉水扫码溯源模式，以保证水质。

- 更好的人才：恒大冰泉的营销总监张华即来自农夫山泉，很多团队成员曾是娃哈哈、怡宝、康师傅等瓶装水企业的员工。

- 更高端的渠道：品牌成立仅一年即出口全球，走向全球市场。

- 更高的定价：直奔5元高端水价格段。

- 更多的传播预算：年投入60亿元广告费，邀请顶流明星成龙代言，在公交和地铁广告、电视广告，处处可见恒大冰泉身影。

这样一个具备了足够资金、产品传势（前文所述"更好的原料""更好的工艺"）和传播火力的品牌，最终却交出了一年亏损23.7亿元、累计亏损40亿元的巨亏成绩。

在瓶装水行业，水源一直是品类分化的一大重要标准。水源问题的背后是消费者最关注的健康。农夫山泉正是通过开创天然水品类，借助"天然水源更健康"的认知，打败了娃哈哈、乐百氏等纯净水品牌，成为中国瓶装水第一品牌。

恒大冰泉看到了水源的重要性,在品牌上市初期,曾围绕"长白山深层火山岩矿泉水"对农夫山泉的地表水发起攻击,试图通过更优质的水源、更好的产品,来战胜行业"第一"。然而,农夫山泉作为天然水的开创者,此前已经掌握了以千岛湖、长白山为代表的众多优质水源,在消费者认知中成为水源优质、健康的天然水代表品牌,恒大冰泉难以撼动。面对恒大冰泉的水源挑战,农夫山泉迅速做出回应,将传播重心转移到了长白山水源上,并于2014年年初发布了时长三分钟的微纪录片《一个你从来不知道的故事》,讲述了农夫山泉的水源勘探师方强在长白山麓原始森林里寻找优质水源的经历。该片同时在央视黄金时段、各视频网站大规模投放,迅速引起了全国消费者的关注,农夫山泉找水广告甚至成为一代人的共同记忆,进一步夯实了农夫山泉"水源优质、健康"的品牌认知。凭借认知优势,农夫山泉成功抢占了"长白山优质水源"的标签,恒大冰泉"更好的水源攻击战"随之走向破产。

一击不中的恒大冰泉,销量表现难以达到集团预期。为了刺激销量增长,品牌持续投入大量资源去传播"健康"("恒大冰泉,长寿村的秘密"),"美丽"("天天饮用,自然美丽"),"泡茶、做饭"("饮水、泡茶、做饭,我只爱你,恒大冰泉"),以及"一处水源供全球""长白山天然矿泉水"等卖点。但是,消费者并不买单。恒大冰泉上市3年亏损高达40亿元,最终品牌以18亿元的价格被出售。

恒大冰泉的失败,充分说明了在心智阶梯有限的前提下,把品牌定位为"更好"的危险。

心智模式三——心智斥同存异：
有差异才能生存

心智有一个非常重要的特征就是过滤信息，因此，人们经常会有选择性地接收信息。在有选择地接收信息时，人类的心智往往表现出斥同存异的一面。

有一个关于消费者的试验是，让一组志愿者到超市里，以同样的速度和时间去浏览超市货架上的产品，浏览完之后让他们说出自己关注到的一些品类、产品或品牌，最终的结果是：消费者说出来的大多是一些自己之前没有见过的新品类、新产品和新品牌，对已经了解的品类、产品、品牌，志愿者要么将其标注为"同质化""没有新鲜感""平平无奇"，要么直言"印象不深刻"。这种现象叫作"非注意盲视"，即人们对已经熟悉的东西，往往不会表现出专门的注意力，而是一扫而过。试验的结果解释了心智斥同存异的模式，即人们往往会对不同的东西感兴趣，给予额外关注。史蒂芬·平克对这一现象做出了解释，他认为，心智模式在进化形成过程中，受到其影响，会对不同的、差异化的事物更为关注。从生物进化的角度看，人们对已经熟悉的事物抱有安全感，因为不会感受到威胁；而对不熟悉的新事物，则往往更警惕，会投入额外的注意力。这个习惯在心智进化的过程中被一直保留下来。史蒂芬·平克因而表示，构想新事物是推动人类社会发展的原动力。

心智斥同存异带给我们的启示是：**要么做有差异化的品牌，要么做有差异化的品类**。构建认知中的差异化是赢得竞争的关键，否则就会陷入模仿者困境，难逃被消费者忽略的命运。差异化的品牌，是通过定位，在消费者心智中植入品牌独特的、与众不同的认知。新品类自诞生起，就会因为与众不同，获得诸多优势：消费者会对新品类天然地给予更多关注，对尝鲜测评乐此不疲；媒体平台总是热衷于报道新品类；线下卖场、线上电商网站也往往会给予新品类额外的曝光扶持政策……

德邦大件快递：做不一样的快递

德邦成立于1996年，在2010年凭借全年26.2亿元的营收，一跃成为中国公路零担物流领域的龙头企业。然而，德邦没有抓住快递行业快速兴起的机会，没能够尽早布局快递业务，以至于被顺丰、通达系（即"三通一达"，圆通、申通、中通、韵达）抢占了快递市场的先机。到2013年11月，德邦才推出第一款快递产品——"3.60特惠件"。但这个产品的推出，并没有为德邦赢得参与快递市场竞争的入场券。直到2017年，德邦的快递业务营收仍然不理想。当时市面上的快递企业很多，高端的、时效快的、服务好的有顺丰，便宜的、时效和服务也过得去的有通达系，此外还有百世等快递公司抢占市场份额。跟这些快递公司的产品比，德邦的快递产品显得平平无奇。在这种情况下，德邦内部还在学习国外头部物流企业的经验，形成了包括零担、整车、快递、跨境、仓储、物流金融在内的多业务布局，企图成为跟国外头部物流企业一样的"综合物流供应商"。也就是说，在零担物流之后，德邦在很长一段时间内都未能找到最适合自己的发展方式。

2017年,中国整个快递和物流市场实际上正在发生新的变化:随着电商的发展,快递在大多数行业的渗透率已经非常高,比如食品、服装、日化;但是,快递在大件领域的渗透率还有待提升,例如家电、家具、建材等;同时,随着服装等品类的电商渗透率提升,对小单物流(一般要二三十公斤)快速发货的需求不断增加。要满足大件快递和小单物流这两方面的需求,都面临一个困难,那就是没有符合需要的快递产品。当时市面上的快递产品主要发3千克以内的货物,虽然重量上限可以到10千克,但价格贵,而且时效慢、破损率高,末端派送也得不到保障(例如,没法实现给消费者送货上楼)。

针对市场背景,德邦对产品做出了进化和升级,在2018年推出了"大件快递",让大件货物也能以快递的方式发送,并且根据快递的方式计价(价格比普通的快递实惠),运输、中转快捷,甚至还能送货上门。这是当时跟市面上所有的快递产品完全不一样的创新,也是符合德邦自身优势的物流创新,恰恰是这个创新,让德邦得到了B端和C端的广泛好评,帮助德邦的快运业务迅速突破百亿元营收,成功开拓了属于德邦的快递业务。

心智模式四——心智排斥复杂：少即是多

长久以来，人类心智受到进化过程中所面临的简单环境的影响，人类没有形成处理复杂信息的能力和习惯。与之相对应，心智逐步形成了安于简单、排斥复杂的运转规律。因为越是复杂和困难的信息，占用的认知资源越多，越需要心智分配资源处理，这与心智的天然惰性和能力相悖。

在对日常生活器具的选择上，心智排斥复杂的特点体现得尤为明显：人们在剪指甲的时候倾向于使用专业的修甲工具，如指甲钳；在吃饭的时候，倾向于使用刀叉、筷子；在写字的时候，倾向于使用钢笔、圆珠笔……而瑞士军刀虽然聚集了大量工具，如指甲钳、螺丝刀、剪刀，甚至还融合了圆珠笔等，但过多的功能堆砌，使得瑞士军刀对消费者而言显得过于庞杂，大多数的人在一般性的使用场景下都不会率先使用瑞士军刀，这也导致它不是一个实用的工具，而是一个长久存放在抽屉的纪念品。主打全能的瑞士军刀，注定很难有广泛的市场，即使在鼎盛时期，它的市场规模也才十多亿元。

"心智排斥复杂"给我们带来的第一个启示是：**要简化产品信息，少即是多**。心智对复杂的排斥，使得任何试图传递过多内容的信息，都将被心智过滤，从而成为无效信息。一个明智的做法是，简化你的信息。越简单的信息，越能被消费者记住，越能帮你达到建立认知、驱动购买的目的。试想一下，如果特斯拉传播自己开创了一种纯电动、具有超强续航能力、百公里加速极快、可以自我升级，以及自动驾驶的汽车，消费者可能还没有看完这一长串的产品介绍，就已经关闭了广告页面。因为过多的、复杂的信息，不符合心智模式，所以向消费者同时传达这么多信息，不仅效率低下，而且给消费者留下清晰印象的概率极低。如果把它简化成一个概念——"智能电动汽车"，很容易就能获得消费者的关注，被消费者理解和记住。这是特斯拉作为品类开创者的一个重大贡献——把复杂的技术转化成一个简单的品类名。

"少即是多"的道理不仅适用于产品宣传，也适用于产品线的布局。根据常识，推出更多的产品，应该能获得更高的营收。我们可以看到，在各行各业中，利用同一品牌覆盖多种产品、不断扩张产品线的例子数不胜数。然而，很少有人真正思考过：仅依靠扩张产品线就能如企业家所愿——产生协同效应，吸引更多的消费者，实现"1+1>2"的效果吗？

真理往往总是反常识的。经济学家维尔弗雷多·帕累托（Vilfredo Pareto）曾在著名的"二八定律"中指出，在任何一组东西中，最重要的只占其中一小部分，约20%，其余80%尽管是多数，却是次要的。例如，在销售领域中，人们通常会发现80%的营收是由20%的产品贡献的；在生产领域中，80%的产量往往来自20%的生产线。

在商业领域中，通过产品线扩张谋求更大的营收却遭遇失败的案例不胜枚举。福特曾经由生产一个车型变为生产三个车型，销量非但没有增长，反而下滑，后来福特重新聚焦一个车型——"T型车"，并不断降低成本、优化产品，一度占据了美国汽车市场40%的份额。这一成就是在与包括雪佛兰、凯迪拉克等在内的将近70个品牌的激烈竞争中取得的。

一个与之相反的例子是，20世纪五六十年代，甲壳虫凭借单一车型成为美国销量第一的进口品牌，然而在推出多车型之后，甲壳虫在今天美国市场的销量居然只有当年的一半。20世纪90年代，通用推出的土星汽车同样如此，凭借单一车型，土星在推出4年之后就战胜多车型的雪佛兰和福特，成为美国紧凑型汽车的第一品牌。但发展多车型之后，土星销量不增反减，如今已经成为一个被放弃的品牌。

在中国市场上，亦有大量的例子证明了"少即是多"这一点。手机行业原本以产品数量多著称，自从苹果采取聚焦单一产品的策略后，其他手机品牌纷纷跟进。在市场竞争加剧之后，魅族等品牌采取机海战术，结果一败涂地。在饮料行业中，王老吉长期坚持主推一款产品、一个包装；红牛虽然有两个包装，但主推产品显然是金罐。所以，在竞争面前，"多生孩子好打架"往往不成立，聚焦资源，打造出一块有竞争力的长板，才是制胜的关键。

产品线扩张，虽然看似能够吸引更多的消费者，但实际上带来了三个大问题：首先，扩张会稀释品牌的代表性，本来甲壳虫就是小车，推出了厢式货车、面包车等车型之后，消费者要买小车再想到甲壳虫的概率就会降低；其次，扩张会使得品牌在产品创新和用户体验上分散精力，难以做出具备足够竞争力的产品；最后，扩张会增加生产、库存、铺货以及渠道管理的成本，从而对企业的财务状况造成压力。

统一的"凤凰计划"

五年前的统一方便面，身躯庞大，产品种类繁多，高价面、中价面、低价面、袋面、容器面、泡面、干脆面，面面俱到，企业上下拳打脚踢，却骑墙难下，面面俱不到。

——统一食品事业本部总经理　刘新华

统一就是走错路,又通过聚焦重新回头的代表。

自1992年从台湾地区进入大陆市场以来,统一原有的招牌产品鲜虾面不符合大陆市场口味,被竞争对手康师傅以红烧牛肉面抢占先机,甚至远远甩在了身后。从1992年到2008年,统一在大陆市场连续16年亏损。身为台湾地区泡面界的"一哥",统一在大陆市场开局不利,只能通过不断开发新品、拓展产品线勉力维持营收。到2008年,统一拥有100多个方便面单品,但其中销量最大的红烧牛肉口味方便面年营收只有1.5亿元。与之形成鲜明对比的是,康师傅仅凭一款红烧牛肉面就实现年营收70亿元的成绩。2008年,康师傅方便面业务整体营收高达139亿元,接近统一总营收的7倍。

当面临增长停滞,甚至一度被白象、今麦郎等大陆本土品牌超越的危机,统一下定决心开始变革,转变原有"以产品数量堆砌增长数据"的发展思维,开始实行"凤凰计划",精简业务,全面聚焦。

所谓"民以食为天,食以味为先",找到消费者接受度最高、最具市场潜力而统一自身又有一定基础的独特口味,通过聚

第 2 章　定位的底层原理：七大心智模式／089

焦这种口味打造一款明星产品，从而帮助统一建立品牌认知，成为消费者购买方便面时的心智首选，是"凤凰计划"最关键的内核。

在当时，川菜席卷全国，而酸菜正是川菜中的著名元素，具有酸爽的独特口味，酸爽口味和以红烧为代表的不辣口味、以红油爆椒为代表的油辣口味形成了显著差别，是符合不少中国消费者喜好、极具发展潜力的口味。在选定了以老坛酸菜牛肉面作为核心单品以后，统一开始发力中高端市场，大力精简产品线，将原来的百余种产品缩减为10种左右，并全面聚焦资源，着重培养、打造老坛酸菜牛肉面这一招牌产品。在市场上，一反原先全国铺开的做法，统一率先在四川、重庆、湖南、湖北等基础较好的核心市场进行重点推广；在广告宣传上，除了聘请知名综艺主持人汪涵作为形象代言人、密集投放广告，统一开展了上万次试吃活动，"万人试吃"在验证老坛酸菜牛肉面口味成功的同时，吸引了媒体公众的关注，带动老坛酸菜牛肉面迅速在南方市场走红。

经过2009年一年的运作，老坛酸菜牛肉面获得了5亿元营收，位居全国方便面口味排行榜第四名，其中80%的销量由西南和华中地区贡献,顺利在核心市场扎下根基;到 2010 年,老坛酸菜牛肉面走向更大范围的市场,在全国掀起了一阵"紫色风暴",单品年度营收高达 20 亿元,占据统一当年方便面总营收的六成。聚焦的成效是显著的,统一借助大单品的成功,顺利实现销量和心智的双重收割,成功走出了"面面俱到""多而不强"的发展困境。

"心智排斥复杂"带来的第二个商业启示是:**短期有利的,往往长期有害。做品牌需要的是"企业家思维",忌"经营者思维"。**

"经营者思维"着眼于企业的短期经营,许多决策是为了追求亮眼的短期业绩指标;而"企业家思维"则更加着眼于品牌未来的发展,决策的制定更多是基于更好地发展品牌、维护品牌,以及收获长期效益的目的。在生活中,人们在饮酒后,能在短期内兴奋神经,提振精神;而一旦亢奋褪去,酒精的副作用就会逐渐显现,人们会感到头痛、精神不济,过量饮酒甚至会给人体带来巨大伤害。这就是酒精效应,即短期来看酒精是兴奋剂,长期来看却是抑制剂。酒精效应在商业实践中也同样存在，通常体现为企业的短期经营指标和长期品牌发展之间的矛盾冲突，也就是经营者思维和企业家思维的矛盾冲突。比如，为了增加短期营收，企业盲目扩张产品线，但产品线过度延伸的做法从长期来看势必会模糊品牌的既有认知，不断削弱品牌。又比如，很多品牌为了获得短期的销量，购买了大量的流量，派发了大量的优惠券，但从长期来看，通过短期"烧钱"吸引来的消费者不尽然是目标用户，没法产生持续的复购和口碑传播，甚至还会产生"不促不销"的负面影响。

关于战略，最难的问题之一就是在今天和未来之间找到平衡点。经营者思维往往会对"聚焦"投出反对票："为何要放弃仍在赢利的业务？进行产品线延伸，拓展更多业务，不就能更好地完成业绩？"但实际上，大量的产品和业务根本就没有竞争力，不会在竞争中胜出，使企业获得预期的回报。即便这些做法短期确实有效，也很难有持续的作用力，甚至会影响品牌的档次认知。经营者思维往往会反对品牌做心智投入："买流量效果不是来得更明显吗？做促销也行。心智投入链路太长，看不到结果。"经营者思维往往缺乏对长期投入的信心："一个新产品如果在6个月之内看不到起色，为什么不下市？"但实际上，很多有潜力的品类，需要长期的培育，无论是王老吉还是喜茶，都是在区域市场经过多年培育之后才在全国大红大紫。

完美日记的扩张迷失

我们在第一阶段的流量打法，现在回头看，已经做到了极致……但一个组织的能力或企业的发展不能只建立在一个点上面，叫"我只会流量打法"，如果这样，这个企业是没有未来的。品牌、产品、流量三者是一个三角形，只有一个风险很大。

——完美日记创始人　黄锦峰

在资本的推动之下，今天的新消费品牌比以往更容易陷入"经营者思维"。"国货之光"完美日记就是一个典型的例子。

成立于2017的完美日记正赶上Z世代成为新一代消费主力军。在以小红书、B站、抖音为代表的新一代社交媒体快速崛起，国潮之风席卷各行各业这样的双重加持下，完美日记凭借流量明星代言、知名IP联名、社交媒体KOL"种草"等一套流量打法，迅速"出圈"。2018年，成立仅一年多的完美日记成为天猫"双十一"销售额彩妆榜亚军，国货美妆榜第一，爆品小黑钻口红成为天猫销量第一的唇膏单品；2019年，完美日记成为天猫"双十一"首个销售额破亿元的品牌，以动物眼影盘为代表的眼影销售额在天猫眼影总销售额中占比高达35%，是排名第二的品牌的1.5倍；2020年，完美日记母公司逸仙电商在纽交所上市，成为"中国美妆第一股"，估值高达40亿美元。

掌握流量密码的完美日记在成立的头几年发展可谓势如破竹，一度成为新消费品牌的教科书级案例，被各行各业研究学习。处在流量风口之下的完美日记在打造出爆火单品小黑钻口红以及动物眼影盘之后，沿用同一套打法，开始了全美妆品类的产品延伸。完美日记先后在腮红、粉底、卸妆油、睫毛膏等十余种不同彩妆品类及面膜等护肤品品类中都推出了新产品，保持着每个月5款到6款产品的高上新速度，完全覆盖了消费者从底妆、彩妆到卸妆的多样需求，甚至开始进军美瞳市场。同时，完美日记通过投入远超行业平均水平的巨额营销资源，试图以短平快的营销节奏带动全品类的发展。

然而，这种以经营为导向、加速扩张产品线的做法，实质上暴露了完美日记在短暂爆火后走向了战略迷失的现实。在彩妆护肤这样一个竞争激烈、日新月异的市场，成功建立长期品牌的关键在于聚焦打造品类的认知壁垒，构建品牌的心智护城河。虽然"大而全"的产品线能在短期内满足不同消费群体的需求，带动销售增长；但从长期来看，全产品线的打法将会导致品牌难以建立认知壁垒，甚至还会不断稀释完美日记在消费者心智中的认知，让完美日记走上"无所代表"、只能依赖流量"续命"的发展道路。

完美日记的增长神话终究没能续写下一篇章。随着流量红利减退，完美日记的战略弊端不断显现，完美日记走上了断崖式下跌之路。2020年，逸仙电商亏损26.88亿元；到2021年累计亏损超过40亿元；2022年营收仅37.1亿元，同比下滑36.5%……曾经的"中国美妆第一股"一度面临退市风险。如今，除了和花西子、彩棠等品牌共享一个"国货美妆"的标签，恐怕消费者已经很难说清完美日记到底是一个什么样的品牌。

心智模式五——心智缺乏安全感：
被认可才能进入心智

心理学上有一个概念叫作"羊群效应"，指人的观念或者行为通常会受到真实的或想象中的群体的影响，向与大多数人相一致的方向变化。这也就是我们常说的"从众效应"。在生活中，"羊群效应"相当常见。例如，当我们来到一个陌生的城市，在选择吃饭的餐馆时，通常会选择一个人多的餐馆。我们往往会觉得，这样的餐馆是被很多人选择的，口味、食材应该都还过得去，所以是一个大概率不会错的选择。我们往往会认为，能被更多人选择的就是更好的。在这个观念背后，同样是人类的心智模式在发挥作用——心智缺乏安全感。人类在漫长的进化过程中，长时间面临着猛兽攻击、食物匮乏的重大风险，只有群居、加强协作，同时提高警惕，才能减少风险的发生，如此方能繁衍至今。经过漫长的历史教育，进行群体生活、关注群体动向、规避风险已经变成了人类的本能。

"心智缺乏安全感"这一心智模式启示我们，**"信任"是进入心智的必备要素**。如果无法获得信任，那么消费者就是缺乏安全感的，品牌因而也就很难进入消费者心智。消费者往往相信，在自己不熟悉的品类中，最多人选择的往往是最可靠、最值得信赖的。因此，大量"自说自话"的传播是失效的。例如，餐饮品牌总喜欢传播自己"好吃"，但消费者的认知是，王婆总是自卖自夸，没有哪个餐饮品牌会说自己不好吃。因此，当一个餐饮品牌只说自己"好吃"甚至"道道都好吃"时，在消费者眼中，这个信息是夸大的、不可靠的。反之，当有品牌说自己"有专业大厨炒菜"，这就是一个客观的信息，消费者会基于这个信息相信这个品牌的菜更好吃，因为大家普遍相信，专业大厨做的总是好吃的。

第2章 定位的底层原理：七大心智模式

"心智缺乏安全感"在两轮电动车市场上则有不同的应用。有的两轮电动车主打"安全"或者"高端"，但从消费者心智角度看，这两个定位都是不恰当的。为什么呢？既然有主打"安全"的汽车品牌沃尔沃，为什么两轮电动车就不能主打"安全"呢？根本上的问题在于"信任"。众所周知，汽车是"车包人"，通过加强钢材硬度、提高特殊位置防撞性能，以及采用气囊、三点式安全带等，确实让人相信，汽车可以做到更安全。但两轮电动车却完全不同。最大的问题在于，两轮车是"人包车"，再怎么提升车身硬度、加强安全措施，一旦发生事故，人都非常容易摔倒、遭到撞击。在里斯战略咨询的调研中，有消费者直言："没有什么安全的两轮电动车，广告里讲的都是噱头，都比不上戴个头盔安全。"同样的道理，也体现在主打"高端"的两轮电动车上。在里斯战略咨询的调研中，消费者说："我都骑两轮电动车了，还讲什么高端不高端。"在日常生活中，人们会谈论自己买了什么品牌的汽车，特别是炫耀买了豪华品牌的汽车；但很少有人炫耀自己买了什么牌子的两轮电动车。两轮电动车就是一个非常平民化的品类，消费者不相信有更高端的两轮电动车。这就是消费者认知，消费者对广告不是被动接受的状态，不是广告上说什么、消费者就信什么，消费者有自己的判断，经不住推敲的广告会变得不可信，也就是无效的。

海底捞≠一起嗨

海底捞一度打出宣传口号"一起嗨，海底捞"。这个口号背后的逻辑是，火锅往往是一群人聚会时一起吃的，很少是一个人吃的，那不如呼吁消费者在想要一起嗨的时候来海底捞吧。海底捞希望通过"一起嗨，海底捞"这句口号让消费者形成条件反射。但这个愿望落空了。试想，一群人聚会时可以选择的餐厅类别难道只有火锅店吗？川菜馆、粤菜馆、鲁菜馆、东北菜馆、杭帮菜馆、淮扬菜馆……适合聚会的餐馆太多了，火锅店并不一定是首选项。海底捞能做到的是，让消费者相信在火锅品类当中它的服务最好，但无法做到让消费者认为在所有餐馆中，它最适合聚会。所以，"一起嗨，海底捞"只能说是一厢情愿，缺乏实用价值，它对消费者而言缺乏信任基础。

同样，在推出啤酒时，海底捞在包装上印了大大的"Hi"，也是想提示消费者家庭聚餐、朋友聚会的时候选择海底捞Hi啤。这个愿望同样是要落空的。家庭聚餐、朋友聚会的时候，自然有可能选择喝啤酒嗨一嗨，但啤酒并不是唯一的选择；即便选择了啤酒，海底捞Hi啤也很难进入消费者的备选名单，大家首先想到的往往是百威、青岛、喜力、科罗娜……甚至是乌苏啤酒、泰

第 2 章　定位的底层原理：七大心智模式

山鲜啤，很少会想到海底捞Hi啤。泰山鲜啤靠新鲜获得了消费者信任，乌苏啤酒靠纯度高、后劲大获得了消费者信任，但当人们想到海底捞Hi啤，却往往很难联想到某个突出的产品特点，也因此很难对海底捞Hi啤产生产品信任。在任何关于啤酒品类十大品牌的榜单中，我们都看不到海底捞Hi啤的身影。

让我们反观海底捞过去的成功，它能在火锅品类中独树一帜，是因为它的服务深深地获得了消费者的认可。回到海底捞兴起的年代，那时其他的火锅店大多缺乏服务意识，服务很一般，甚至谈不上服务。海底捞的与众不同在于，在这样一个缺乏服务的餐饮品类里，海底捞找到了消费者的痛点，把服务做到了极致。从消费者排队、进店、点菜、用餐到结账的各个环节，海底捞都融入了服务的心思，让消费者感受到了显而易见的服务，这就会让消费者更愿意在吃火锅的时候选择海底捞。

心智模式六——心智不易改变："做得好"远不如"做得早"

人类在处理信息时，会出现很多的认知偏差，其中一个显著的认知偏差就是心理学上的"确认偏误"，即人们往往更愿意接受和确认与已有观念或信仰相符的信息，而对与此相反的信息往往会排斥或拒绝。通俗地说，就是"先入为主"，人们往往先有一定的观念或信仰，在遇到新的信息时，往往会根据其已有的观念或信仰来解释和理解新的信息。这其实是"心智不易改变"这一心智模式在发挥作用。一旦在心智中建立起了认知,这些认知就会"先入为主",我们就戴上了"先入之见"的眼镜,这些"先入之见"影响着我们之后的决策和行为。

"心智不易改变"的心智模式启示我们,**比起产品领先,更重要的是在消费者心智中取得领先**。在商业环境中,率先解决消费者痛点、进入消费者心智的品牌,通常会在品类中占据重要位置,人们会对其做出正面评价,并倾向于将其默认为品类的开创者、领导者。而对同一品类中随后出现的其他品牌,人们则会为其打上"跟随者""模仿者"的标签,并倾向于降低对它们的评价和关注。不仅如此,人们往往会趋于肯定自己的既定选择,除非某一产品存在严重的缺陷或瑕疵,极大地影响了消费体验。这也使得率先进入心智的品牌更容易获得正向评价,形成良好的口碑。因此,乘着先入为主的东风,率先进入心智,是成为品类领导者最有效的方法之一。一旦有品牌使消费者心智形成了对自身的认知,其他品牌就很难撼动其地位。王老吉与加多宝的凉茶之战就是一个经典的案例。在王老吉作为凉茶品类开创者,占据了消费者心智并形成稳固认知后,尽管加多宝投入数十亿元广告费用,传播"销量领先的红罐凉茶改名加多宝",也无法撼动王老吉在消费者心智中的地位。

企业界存在一个广泛的误区,即"好的产品"一定比"早面世"更重要。但事实恰好相反:"做得好"远不如"做得早"。技术、质量方面的差距容易抹平,但产品在消费者心智中的差距却很难消除。领导品牌在产品技术、质量方面的些许不足可通过后续不断的更新迭代来弥补。

涨芝士啦:用"非正宗"口味,定义"更正宗"的认知

"众口难调"这个成语,说出了一个非常简单,但也非常真实的道理:人类的口味是非常主观的,萝卜青菜各有所爱,很难做到让所有人都认为某一个口味是最好的。但在商业世界中却出现了反例。许多消费者会认为涨芝士啦的口味是芝士酸奶中最正宗的。这背后的原因是什么?因为涨芝士啦是第一个推出芝士酸奶的品牌,给消费者建立了芝士酸奶的口味标准。

涨芝士啦在进行口味开发时,并没有把"最贴近芝士本味"作为目标,而是在芝士原本的口味和饮品的口味之间做了平衡。大多数中国消费者并没有广泛消费芝士的习惯,对芝士的口味接受度还是很有限的。因此,涨芝士啦在口味开发时,更多地保留了芝士的香醇,弱化了芝士的奶腥味。而在涨芝士啦之后推出的

竞品，却保留了部分奶腥味。这实际上是更接近芝士本味的，换句话说，这实际上是更正宗的芝士酸奶。但是，消费者却认为，其他品牌的芝士酸奶味道不正宗，涨芝士啦的芝士酸奶口味才是最正宗的。这背后的原因，不仅仅是涨芝士啦的口味讨喜，更重要的是，它是第一个推出芝士酸奶的，它锚定了消费者关于芝士酸奶的口味认知。

2019年上半年，涨芝士啦的市场占有率达到了惊人的61%。

心智模式七——心智排斥多重身份：
忌"品牌延伸"陷阱

　　心理学上还有一种说法，叫作"原型效应"。它指的是，人们对某个事物或概念的理解和认知受到其最典型的表现形式影响，即最具代表性的特征在认知过程中发挥更为显著的作用。这意味着，人们更容易关注和记住那些最具代表性、最为突出的标签，而忽略那些不太相关或较为模糊的标签。

比如，达·芬奇（Leonardo da Vinci）是欧洲文艺复兴时期的杰出人物，他对绘画、寓言写作、雕塑、音乐、医学、生物、地理、建筑工程、军事工程、发明创造等诸多领域都有涉猎，并做出了重要贡献。然而，提到达·芬奇，人们最容易联想到的往往是他的画家身份，这是因为伟大的绘画作品造就了达·芬奇身上最重要的身份标签，所以其最容易为大众所记住。又如，提到玛丽莲·梦露（Marilyn Monroe），大家一般会想到她是永远的性感女神，"性感"是她身上最鲜明的标签。再如，提到李小龙，大家会想到他在动作电影中精彩的武艺表现，"功夫之王"是李小龙身上难以被忽视的标签。

之所以会出现这种情况，是因为单一的类别属性能够极大地降低心智分类的难度，更有利于人类对信息进行分类、存储。一旦信息中包含多个类别属性、具有多重身份时，心智就会变得无所适从。多重身份信息最终面临的结局，要么是被心智分配给一个特性最鲜明的类别，要么是被心智直接过滤，无法留下任何痕迹。无论是哪种情况，信息的传播都将受到极大的负面影响。

在生物演化过程中存在着一个重要的竞争规律，即生物趋于向两端发展，不会停留在中间地带。一个著名的生物学实验曾证明了这条规律：把两个不同品种的草履虫放在一个试管里，几天之后，研究人员发现一个品种的草履虫占据了试管的上方，另一个品种则占据了试管的下方，而两者之间的区域什么也没有。这一规律在商业世界也同样适用，当企业试图通过一个品牌占据两个不同的品类时，就会陷入"泥泞的中间地带"，非但无法两端通吃，还会模糊原有的品牌认知，造成品牌发展失焦。

"心智排斥多重身份"的心智模式启示我们：**一定要警惕品牌延伸的问题**。当一个品牌在已经代表了一个品类，并试图代表更多品类时，就陷入了品牌延伸的陷阱。商业界曾一度流行用一个老品牌来把握新的品类机会，美其名曰能够借助老品牌的名气，为新品类、新业务进行背书。然而这样的做法存在巨大的战略隐患。一方面，试图覆盖多个品类的做法将会降低品牌认知的清晰度，稀释品牌的品类代表性，让消费者产生品牌不专业之感，最终白白错失新品类机会。另一方面，"既要又要"的做法也会降低创新的先锋性，难以凸显新品类的差异性，极大地贬低创新的价值。例如，可口可乐已经在可乐品类占据了消费者心智，成为可乐品类的代表品牌。如果以可口可乐品牌推出一款0糖、0脂、0卡的气泡水，在排斥多重身份的心智模式作用下,消费者只会在购买可乐时想到可口可乐,而在想要购买0糖、0脂、0卡气泡水时,倾向于选择一个全新的、专注于气泡水的专业品牌。同时,这一做法,还会让人觉得原本的可口可乐糖分高、不健康。

品牌延伸还会产生一种此消彼长的效应——跷跷板效应,即当品牌代表的其中一个品类销量上升时,另一个品类销量就会下降,鲜少有品牌能够例外。以家电行业为例,海信率先进入了变频空调品类,一直是这个品类市场上的领先者。然而,海信此后推出了同品牌电视机产品,并将其作为品牌的重点业务。于是,在海信的变频空调和电视机之间就出现了典型的跷跷板效应:当海信的电视机卖得好的时候,变频空调的销量就下滑;当海信的变频空调卖得好时,电视机就销量惨淡。二者从未有过齐头并进、同时上升的情况。正是由于海信在变频空调和电视机品类上摇摆不定,最终错失了成为变频空调领导者的重要机会,让美的凭借更多的营销资源投入,抢先成了消费者心智中变频空调的代表品牌。

无糖可乐的失败与元气森林的狙击

有很多享有昔日荣光的成功品牌，在面对市场上崛起的新机会时，反而陷入"泥泞的中间地带"。一个典型的案例就是可口可乐面对"0蔗糖"趋势所遭遇的失败。

重视健康的趋势席卷国内各行各业，饮料行业亦出现了低热量、低卡糖的健康化浪潮。可口可乐品牌早在20世纪就推出了同品牌无糖可乐——健怡可乐，试图通过一个品牌同时占据两个品类。然而这种试图"两端通吃"的做法，让可口可乐陷入了进退两难的尴尬境地。长久以来，可口可乐通过风靡全球的大单品——常规的可口可乐建立了品牌认知。虽然"好喝""正宗"的背后是"含糖""热量过高"，但消费者愿意为"罪恶的享受"付出代价。而健怡可乐的推出让消费者认为，为了保证无糖，这个产品的口味一定不如常规可乐，为了口味而选择可口可乐的消费者们，怎么会忽略如此致命的缺陷呢？两种认知的激烈冲突让消费者备受困扰，时刻提示着他们要在"热量"和"口味"间妥协。然而这种妥协违背消费者意愿，只会促使消费者转向替代品，"两头不讨好"的困局导致健怡可乐并没有在市场上获得预想的成功，反而为可口可乐品牌带来了困扰。

元气森林看到了无糖气泡水的巨大机会,推出了0糖、0脂、0卡的气泡水产品,开创并定义了无糖气泡水新品类。元气森林利用"新品牌把握新品类"的极致做法,精准狙击了无糖可乐的弱势,即站在"泥泞的中间地带"的可口可乐不可能放弃可乐业务,难以通过聚焦成为无糖可乐的代表品牌。最终元气森林赢得了无糖气泡水品类之争的胜利,线上销量一度超过可口可乐,成为"双十一"销量第一(2020年天猫和京东的综合数据)的水饮品牌。

"心智排斥多重身份"带来的另一个启示是:**遵循消费者的"生命阶梯",警惕"为所有人提供所有产品"**。

什么是消费者的"生命阶梯"?如果把消费者的生命历程当成一架阶梯,品牌就是"生命阶梯"上的梯级。当你在这架梯子下往上走时,你选择的品牌也将记录下你的进步。

消费者对品牌的选择受到"生命阶梯"的重要影响。随着年龄的增长、生活质量的提升,消费者对品牌的偏好、要求也会随之变化。消费者在需要一个能够与更高的消费水平相匹配的、更高端的品牌时，不会倾向于选择一个大众品牌的高端产品。例如，在你打算购入人生第一辆车的时候，你可能会选择大众，而在事业有成后，可能会将陪伴多年的大众置换成宝马、奔驰，而不是更贵的大众；如果你能实现收入向更高阶层的跨越，你说不定会购买一辆法拉利驶向人生的下一阶段，而不是选择更贵的宝马或奔驰。

而在现实中，大多数企业都没有顺应"生命阶梯"布局品牌，而是贪多求大，用同一个品牌涵盖面向不同消费者的各种产品，试图让品牌能够包罗万象，为所有人提供所有产品。然而，为所有人提供所有产品的品牌最终的结局大概率会是吸引不到任何人。因为对消费者而言，这个品牌会变得很模糊——它到底代表的是什么？尤其是，它是什么档次的，代表什么品类的？当消费者对一个品牌的认知越来越模糊，消费者在购物时就会越来越少地想到它。

李维斯们的"中年危机"

牛仔裤开创者李维斯品牌就是因无视"生命阶梯"规律而走向衰落的一个典型例子。

自20世纪50年代被李维斯品牌率先推出以来,牛仔裤迅速风靡美国,一度成为美国年轻一代的必备着装。得益于牛仔裤的热销,李维斯品牌发展蒸蒸日上,1996年,公司营收高达71亿美元。

然而,经历了40余年的发展后,李维斯品牌却遇到了大麻烦——牛仔裤市场的潮流风向悄悄发生了变化:年轻一代不再满足于过去经典的小脚、窄版牛仔裤设计,转而投向了阔腿牛仔裤品牌的怀抱,李维斯逐渐沦为消费者心中"专属父母一辈"的牛仔裤品牌。面对"中年危机",李维斯品牌没有选择通过多品牌来应对,而是推出了专为孩子们准备的红线牛仔裤(Red Line)。这种试图抓住所有消费者的做法让情况变得更加糟糕,阔腿牛仔裤稀释了李维斯牛仔裤"原创者"的消费者认知,李维斯的销量不断下滑,到2007年营收仅有43亿美元。

李维斯的故事正在今天的中国男装领域中不断重演。海澜之家、七匹狼、九牧王、劲霸曾经是众多消费者心中男装的代表品牌，是人们购买男装的首选。然而随着Z世代成长起来，这些品牌逐步沦为年轻人心中的中老年服装品牌，是"土味""古板""老干部风"的代名词，品牌销量随之下滑，陷入了增长危机。面临"中年危机"的中国男装们也不断试图自救：更换流量明星作为品牌代言人，和知名IP品牌进行联名，甚至在长城举办服装大秀……然而这种无视"生命阶梯"的做法注定不会奏效，因为消费者的认知一旦建立，就极难被抹去。海澜之家、七匹狼们至今仍是很多消费者在给爸爸们买衣服时才会考虑的服装品牌。

中国体育用品市值第一的公司是安踏，2023年它的市值甚至达到了李宁的4倍。之所以能获得如此之大的成功，显然不是因为安踏的品牌竞争力达到了李宁的4倍，而是因为安踏实行"单聚焦、多品牌"的战略。这是什么意思呢？安踏想要成为体育运动领域的霸主，但它并没有让"安踏"代表体育运动鞋服的一切，没有让"安踏"的身份变得越来越分裂，而是通过一系列收购，实现了多品类、多品牌的布局。例如，安踏于2009年收购了韩国时尚运动品牌FILA（斐乐）；2015年收购了来自英国的运动时尚鞋品牌Sprandi（斯潘迪）；从2016年开始代理日本运动服饰品牌DESCENTE（迪桑特）在中国大陆的产品设计、营销及销售；2017年收购了韩国高端户外品牌KOLON SPORT（可隆）；而2019年收购的芬兰品牌Amer（亚玛芬），旗下汇聚了冲锋衣代表品牌始祖鸟等一众专业性极强的体育品牌。安踏无疑提供了"心智排斥多重身份"的正面案例。

第 2 部分
实践篇

第 3 章

定位的方法：
抢占心智需要做对的五件事

在了解定位理论的发展过程、梳理清楚定位理论的底层逻辑后,我们接下来可以进一步着手了解:在实际的商业竞争中,究竟应该如何运用定位的方法,帮助品牌植入消费者心智。

要找到品牌的最佳定位,并真正发挥定位的威力,帮助品牌进入消费者心智,必须做对五件事。

首先,通过正确的定位方法找到定位。对品牌而言,要找到品牌在消费者心智中的最佳空位,也就是品牌的定位,存在三种方式。品牌需要结合市场、竞争以及自身情况,从中选择最适合自身的定位方法。

其次,采用正确的商战模型迎战。不同的品牌在商业竞争的战场上处于不同的位置,而商战模型则通过对成百上千的商战案例进行总结,为处于不同位置的品牌归纳出四种面对商业竞争的战略发展路径,为品牌指明战略目标和竞争策略。

再次,坚持聚焦原则。品牌无论是在市场上站稳脚跟,还是在站稳脚跟之后谋求更大的增长,都离不开对资源法则的运用,即在资本资源和心智资源上保持阶段性的聚焦,而非多头发力。多头发力将导致品牌难以建立任何优势。

复次，在快速变化的竞争环境下，如何实现企业持续增长？答案是，必须做好品类创新。品类创新是定位理论的再一次升级，它不仅能够帮助初创企业找到有效的发力方向，实现起步即第一，而且也能帮助成熟的企业找到第二、第三……增长曲线，因而它是终极的定位，是企业持续增长的关键力量。

最后，战略定位的实现，离不开战略配称体系的打造。因为战略定位不能停留在口号层面，而要让消费者通过对品牌的体验真正形成认知。消费者只有通过产品接触、品牌营销和销售推介等才能认识到品牌的定位，这就要求企业在找到战略定位之后，把战略定位落实到战斗口号、视觉锤、品牌名、公关等配称层面，用这样一个战略配称体系把战略定位植入消费者的心智。

定位的三种方法：
抢先定位、关联定位、为竞争对手重新定位

回到定位理论的起源，艾·里斯和杰克·特劳特最开始在《定位：争夺用户心智的战争》一书中总结了品牌进入心智的三种定位方法：领导者的定位，跟随者的定位，以及重新定位竞争对手。在实战应用中，这三种方法被进一步丰富、完善为"抢先定位""关联定位"和"为竞争对手重新定位"。

第 3 章　定位的方法：抢占心智需要做对的五件事

抢先定位

在消费者心智模式方面，前文提到"心智启于分类"，即"消费者以品类思考，用品牌表达"。在消费者心智中存在众多品类的小格子，有些小格子已经有品牌占据，有些还处于空白状态。"抢先定位"就是要找到消费者心智中有价值的、尚未被占据的空白格子，率先发力，进行抢占。

抢先定位的核心在于让品牌成为在特定品类中第一个进入消费者心智的品牌。这样一来，品牌可以被消费者看成品类的代表，是"正宗货"，之后其他的品牌则会被消费者归为模仿者之流，是次一等的选择。番茄沙司里的亨氏、可乐中的可口可乐、凉茶中的王老吉都是各自品类中第一个进入心智的品牌，成了各自所在品类的代表品牌，市场占有率领先于其他品牌。

抢先定位的关键在于找到消费者心智中的空白格子。空白格子是品类，每个空白格子里都有一架梯子（消费者心智阶梯），梯子的最上层就是品类的领导者。在定位实践中，第一个进入消费者心智的品牌往往是其所在品类的领导者。一个品类的领导者，对消费者而言，往往就意味着是这个品类中最好的品牌。消费者往往倾向于选择领导品牌，这也是领导品牌的市场份额通常是排名第二、第三品牌的数倍的原因所在。例如，在可乐市场中，可口可乐每销售6瓶饮料，百事可乐最多只能销售4瓶；在瓶装水市场，农夫山泉的市场份额是怡宝的2倍多；在常温酸奶市场，安慕希占据60%以上的市场份额……类似的例子不胜枚举。

成为领导者的好处，不仅体现在拥有更大的市场份额，还体现在更出色的利润回报上。1978年，在美国四大汽车制造公司中：通用拥有市场中49%的份额和6.1%的净利率；福特拥有34%的市场份额和4.4%的净利率；克莱斯勒的市场份额为15%，净利为1.0%；美国汽车公司的市场份额为2%，净利率为0.4%。可以看到，通用无论是份额还是净利率，都遥遥领先。艾·里斯总结道："富人越来越富，穷人越来越穷。"这就是领导者的"马太效应"。在今天的汽车市场，这一幕同样在上演：特斯拉作为智能电动汽车全球销量冠军，单车毛利率达到了惊人的28.7%（2022年），大众最赚钱的法拉利也只有18%；与之形成鲜明对比的是，众多新能源汽车品牌在赔本卖车，苦苦挣扎在生死存亡的边缘。

第3章 定位的方法：抢占心智需要做对的五件事

此外，领导地位一旦确立，在短期内很难被动摇，它能够帮助企业几乎在发展的每一步上都独具优势。商店会更愿意摆放领导品牌的商品，甚至在价格上做出让步。人才、发展资源等方面也会朝着有利于领导者的方向发展。

那么，如何在品牌传播的过程中抢占消费者心智中的领导位置？最常见的方式就是强调自己"销量领先"，因为销量领先是对领导地位最有力的证明。除了销量领先，常见的还有"更多消费者的选择"或者"更受欢迎"。有一些品牌直接宣称自己是某个品类的领导者，这样做就不如前面的这些做法有说服力，因为领导者是需要用销量或者消费者数量来证明的。

特别需要说明的是，抢先定位，除了抢"销量领先"这个心智空缺，还有很多其他的选项。

在技术壁垒显著的行业中，抢占技术领先，就是很好的选择。例如，"格力电器，掌握核心科技"，就让很多人知道并且信任格力空调。除了家电行业，在汽车、数码等技术密集型行业，"技术领先"都是非常有价值的。

在消费者非常关注专业性、担心使用效果的品类中，抢占专家往往是一个非常重要的选择。例如，防水涂料一旦产品质量不过硬，出现漏水问题，就会给消费者带来极大的困扰和损失，所以，在防水涂料行业，专家品牌更能获得消费者认可。四驱技术作为汽车行业的专业品类，它的成熟度也很受消费者关注。斯巴鲁是较早开发并应用四驱技术的车企，但是，当它同时销售两驱车和四驱车的时候，它的四驱技术并没有得到消费者的认可，企业也一直处于亏损状态。直到2008年，斯巴鲁下决心砍掉两驱车、全力聚焦四驱车业务后，才成功在消费者心智中建立起只做四驱车的"四驱专家"认知，这个定位不仅帮它实现了销量上的翻倍提升，还帮它实现了13.5%的净利率，超过了当时（2016年）美国汽车市场上其他所有的汽车公司。

在食品饮料行业，品牌若想在口味上建立壁垒，"发明者""正宗"的概念就显得尤为重要。例如，康师傅红烧牛肉面的"就是这个味儿"，让消费者觉得红烧牛肉面就是康师傅红烧牛肉面的味道，这让康师傅一款红烧牛肉面单品在2008年拿下了70多亿元的营收。统一老坛酸菜牛肉面运用了同样的定位策略，即强调自己是正宗的老坛酸菜牛肉面，拍摄了火遍全国的"有人模仿我的脸，还要模仿我的面"广告片。2010年，统一老坛酸菜牛肉面走向全国，单品年度营收20亿元，占了当年统一方便面总营收的六成。

此外，品牌还可以抢占品类的第一特性。以牙膏品类为例，"防蛀牙"一直是消费者较为看重的牙膏的作用。1990年，中国牙膏产业处于相对稳定的状态。当时的三大牙膏品牌——中华、黑妹和两面针分别占据东部、南部和西部市场，再加上一些中小型的区域性牙膏品牌，彼此之间并无明显的直接竞争。直到1992年，高露洁进入中国市场，率先以"防蛀牙"为突破口，在广告推广中大力宣传高露洁牙膏含有双层氟化物，能够有效保护牙齿、预防蛀牙，并取得了中华预防医学会的认证和推荐，从而率先抢占了"防蛀牙"这一特性，成为消费者心目中防蛀牙牙膏的代表品牌。借助这一定位优势，高露洁销量节节攀升，到20世纪90年代末期发展成为中国市场上的第一牙膏品牌，市场份额一度高达40%。

如何找到品类的第一特性呢？这往往要从品类解决的问题出发。例如，油烟机是为了解决油烟问题而诞生的，那么，吸排效果就是油烟机品类的第一特性。婴幼儿奶粉是为了替代母乳而诞生的，那么，无限接近母乳就是婴幼儿奶粉品类的第一特性。

通过以上介绍，我们了解到，抢先定位涵盖了非常多的内容，如销量领先、技术领先、抢占专家以及品类的第一特性。它们之所以都被归在"抢先定位"这个方法之下，是因为它们都是在用不同的方法占据品类第一，品类中销量最多的可以是品类第一，技术领先的、最专业的、最能体现第一特性的也可以成为品类第一。同时，这些面向也是企业在进入一个品类或开创一个新品类时，可以考虑采取的几种抢占领导地位的方式。

关联定位

何为"关联定位"？回到消费者的心智规律，第二种心智模式的重要观点是：阶梯有限。每个品类在消费者心智中都对应着一架心智阶梯，领导品牌居于阶梯的第一层，第二品牌则居于阶梯的第二层，其他品牌按照其在消费者认知中的排名，依次占据阶梯的不同位置。

关联定位主要适用于品类中已经存在强势的领导品牌、心智中已存在明显首选的情形。关联定位适用的对象是在消费者认知中排名靠后的品牌，策略是通过跟心智阶梯中的强势品牌相关联，让消费者在首选强势品牌之后，能够紧接着联想到自己，从

第3章 定位的方法：抢占心智需要做对的五件事

而成为仅次于第一品牌的第二选择。强势的领导品牌在消费者心智中已经形成清晰认知，是消费者购买的首选品牌，难以扭转。在这样的竞争中，后进品牌的最佳竞争策略是通过关联定位，抢占消费者的第二选择，从而快速提升品牌的地位。

七喜是一个运用关联定位取得成功的经典案例。在七喜上市初期，可乐是风靡美国的国民饮料，在当时的美国饮料行业中占据着绝对的主导地位，而且市场上已有可口可乐和百事可乐这两大家喻户晓的代表性可乐品牌。七喜作为一种主打柠檬口味的饮料，被当时的消费者当成一种治疗胃部不适的药饮或威士忌的配料，市场表现不佳，一度濒临破产。面对消费者喝饮料普遍选择喝可乐的现状，七喜提出了"非可乐"（uncola）的定位，并通过广告介绍"非可乐"——不含咖啡因的饮料。七喜在广告中提到："你不是不愿意让你的孩子摄入咖啡因吗，那为什么还要给孩子喝与咖啡有等量咖啡因的可乐呢？给他非可乐，不含咖啡因的饮料——七喜！"七喜在宣传上不断和可乐扯上关系，并把自己定位为可以替代可乐的一种饮料，从而成功爬上了碳酸饮料的心智阶梯，成为可乐之外的另一种选择。消费者在购买饮料时，可能首先想到的是购买可乐，买一瓶可口可乐或者百事可乐，而一部分担心摄入咖啡因、不愿意选择可乐的消费者就会转向可乐的对立面——非可乐，从而购买七喜。借助这一成功的定位，七喜的净销售额迅速从 1967 年的 8770 万美元增加到 1968 年的 1.9 亿多美元，并发展成了世界上第三大软饮料。

为竞争对手重新定位

何为"为竞争对手重新定位"？同样回到消费者的心智规律，第三种心智模式是"心智斥同存异"，人们只会对不同的东西感兴趣，给予额外关注。所以，在某一品类中已经存在领导品牌时，其他品牌想要取而代之，是无法通过模仿领导品牌来实现的。此时要做的是找到领导品牌弱势的一面，放大领导品牌的弱点，强化自身的优点，即为竞争对手重新定位。

为什么非得找领导品牌强势背后的弱势？所谓"强势"，往往是支撑领导品牌走向成功必不可少的关键因素；但任何事情都是一分为二的，"强势"往往也会给领导品牌留下无法回避的"弱势"。非领导品牌，如果能够找到并抓住领导品牌强势背后的弱势，将领导品牌定义为有缺陷的品牌，而自己则是没有相应缺陷、反而占有优势的品牌，就可以颠覆既有格局，挤开对手，找到自己的立足之地。

第3章 定位的方法：抢占心智需要做对的五件事

例如，通过为竞争对手重新定位，泰诺重塑了美国止痛药品类的市场格局，超越阿司匹林，成为止痛药中的第一品牌。阿司匹林对缓解轻度或中度疼痛具有立竿见影的效果，但它会刺激胃黏膜，引起哮喘或过敏反应，甚至造成胃、肠道隐性微量出血。泰诺在广告中将阿司匹林定义为"不适合胃溃疡、哮喘、过敏、缺铁性贫血患者的止痛药"，而自己则是与之相对立的，适合更多人服用的"新一代止痛药"。阿司匹林试图用广告进行反击，但消费者却并不买账，并且认为"既然拜尔的阿司匹林肯花百万美元打广告驳斥对方的说法，那么阿司匹林会造成胃出血的观点肯定有一定道理"。

百事可乐也运用了同样的策略。一直以来，可口可乐开创并长期统治着可乐品类。在20世纪50年代末期，其营收甚至以大于5∶1的优势远胜过百事可乐。面对这样一位实力强大、历史悠久的对手，百事可乐抓住了其口味经典背后的弱势，重新将其定义为"父母一代喝的可乐"，而自己则是"更适合年轻人的可乐"，是众多"百事一代"的选择。"更适合年轻人的可乐"定位实施以来，百事可乐迅速缩小了与可口可乐的差距，甚至在部分渠道实现了对可口可乐的销量反超。

需要注意的是，**重新定义竞争对手，需要有两个前提条件。一是消费者心目中有明确的领先品牌**，因为只有找到了高知名度的靶子，向它进攻才能获得更大的关注度。**二是能够找到强势品牌背后的真正弱势**，并且这一弱势必须是消费者非常关注的、能够动摇消费决策的关键点，只有这样才能引发消费者的追随。

以上三种定位方法至今仍然是品牌定位的重要指引，在国内外随处可见对三种定位方法的运用。例如，在各国的超市货架上能看到很多品牌标注着"销量No.1"，在广告画面上也经常可以见到各种品牌宣称自己是"专家"或"领导者"。然而，定位理论没有止步于此。因为艾·里斯在实践中发现：有些时候，即便企业正确运用了三种定位方法，也难以在竞争中胜出。例如，当一个品牌找到了为竞争对手重新定位的有效策略，却忽略了它跟竞争对手相比实力悬殊的现状，当它去攻击竞争对手时，自然会遭到竞争对手的迅速封杀。正是这些问题的存在，引发了艾·里斯持续的思考并不断升级定位理论。

四种商战模型：
明确要打一场什么类型的战争

艾·里斯在《商战》中提出，制定商业战略的第一步就是向自己提问："我们要打一场什么类型的战争？"通过回答这个问题，找到最适合自己的商战模型。也就是说，"在市场竞争中，我们应该打一场怎样的仗？"是需要首先回答的问题。

在商业实践中，定位方法运用失败的一个重要原因是忽略了基本的战略原则。例如，跟领导品牌实力差距过大，盲目向领导者进攻就是不明智的选择，很容易遭到领导者封杀。在这样的情况下，为竞争对手重新定位的方法自然无法奏效。在确定定位之前，企业必须综合市场的竞争态势，找到适合自身的战略原则，然后再选择最佳的定位方法。

定位方法运用失败的另一个重要原因是，很多企业在源头上布局了大量的业务，而在业务多样化的背景下，企业从品牌层面很难找到一个犀利的、有吸引力的定位去跟对手竞争，也难以保证关键的业务能够获得足够的资源支持。换句话说，企业"什么都做"的思维是挡在定位面前巨大的拦路虎。如果企业什么都做，那么定位不仅难以建立，甚至会失去生根的土壤。

针对这两个常见的定位方法运用失败的原因，艾·里斯分别提出了"商战模型"和"聚焦原则"以解决问题。

什么是"商战模型"？商战模型就是营销战应该遵循的战略模型，它一共有四种形态，分别是防御战、进攻战、侧翼战和游击战。不同的战略模型对应着企业不同的行业处境，以及所需要

第 3 章 定位的方法：抢占心智需要做对的五件事

的不同战略原则和战术思路（见图 3.1）。在《商战》中，艾·里斯提出："营销就是战争。在这场战争中，敌人就是竞争对手，目标就是要赢得胜利。"在真实世界的战争中，赢得更多领土的军队获胜；在营销的战争中，赢得更多消费者和销量的品牌获胜，两个或更多的公司为争夺消费者而战，永不停歇。

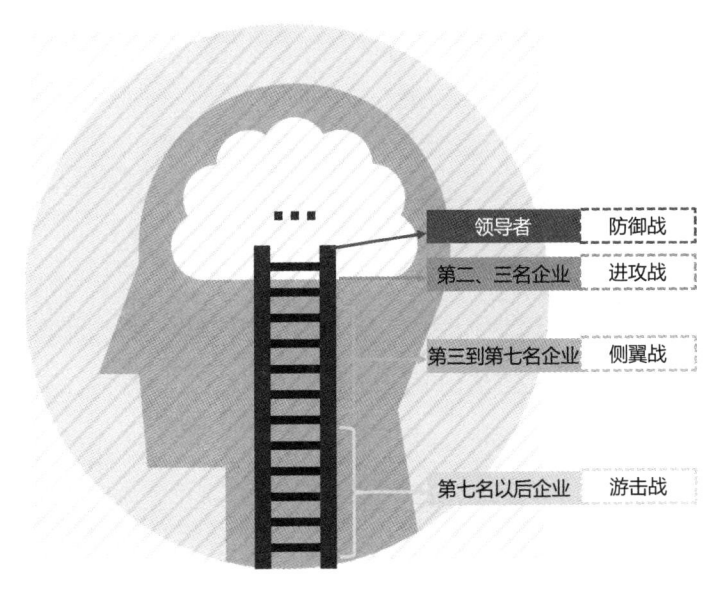

图 3.1　四种商战模型

商战模型一：防御战

防御战模型只适合品类中的领导者。领导者往往是提到具体品类，消费者率先想到的品牌。它往往出现在消费者购物清单第一名的位置，能够占据绝大部分的市场份额。

需要指出的是，**所谓领导者，必须得是消费者心智中的领导者，是被消费者所认知的领导者**，而不是企业自己认为的、在某方面领先的"领导者"。一些品牌虽然市场份额领先，但在消费者心智中却未能建立起"第一"的认知，未能成为品类的代表品牌，这样的品牌不能采取防御战的策略。

领导者的目标在于持续领先，因此，防御战的核心目的是稳固并进一步夯实领导者的领先地位。当市场中出现任何有潜力的竞争对手，领导者都应及时采取应对措施，利用自身优势对其进行封杀，将威胁扼杀在摇篮中，从而保卫自身主导地位，迫使其他竞争者知难而退。

基于维护领导地位的战略目标，防御战往往涉及几个关键的战略动作。

第一,领导者需要自我攻击。自我攻击指通过不断推出新产品或新服务,来取代现有的产品或服务,以此强化领导地位。

为夺取更多的市场份额,市场中的其他竞争者往往会以领导者为标杆,并从各个方向不断对其发动进攻,以期能取而代之,夺取领导者光环。面对源源不断的攻击,领导者为保卫自己的地位,必须或主动或被动地开启防御战。最佳的防御方式就是自我攻击——通过不断地对自己的优势发动进攻,来夯实优势,巩固心智份额。一方面,防御者往往处于行业领先地位,在消费者心智中占据着认知优势,推出的新产品能够更快地被消费者接受、认可;另一方面,自我攻击更能适应残酷的、快速变化的商业竞争环境,毕竟移动的靶子比静止的靶子更难被击中。

20世纪六七十年代,威尔金森刀具公司先后推出了不锈钢刀片和黏合刀片,给吉列的剃须刀市场领导地位带来了巨大冲击。吉列很快发起防御反击,推出了世界上第一款双刃剃须刀——特拉克Ⅱ型剃须刀(Trac Ⅱ),并向消费者宣传"双刃总比单刃好",迅速收获市场好评。在转化了原来的单片剃须刀消费者的同时,吉列的新产品还挽回了一部分流失的消费者,并收获了新的消费者。吉列并没有止步于此,而是继续自我攻击,推出了第一款可调节的双刃剃须刀——阿特华剃须刀（Altra）。通过不断自我进攻，吉列逐渐扩大、稳固了市场份额，进一步夯实了自己在剃须刀品类中的领导地位。

第二，领导者如果错过了自我攻击的机会，可以通过复制竞争对手的行动来防御竞争，抢在竞争对手之前占领消费者心智高地。

根据"心智不易改变"的心智模式，一旦有品牌已经成为品类的代表，后来者想要颠覆其地位必将十分艰难。现实确实对领导者更为有利。商战的核心阵地是消费者心智，已经建立起认知优势的领导者可以通过复制竞争对手的行动来防御竞争，也就是推出和对手相同的产品，在进攻者站稳脚跟之前，投入更多的资源，形成更大的声量，借助更强的认知优势，全方位对其封杀，抢先给消费者留下印象，抢占心智高地。

以竞争异常激烈的中国乳制品行业为例。君乐宝、光明及大量的区域乳企都曾不断地贡献出重要的创新技术，如红枣酸奶、常温酸奶、老酸奶……然而在消费者心中，这些品类的代表却不是君乐宝、光明和区域乳企，而是蒙牛和伊利。常温酸奶虽然是光明开创的，但今天，常温酸奶的代表品牌却是伊利的安慕希，光明的莫斯利安已经渐渐被人遗忘。老酸奶虽然是青海的一个区域乳企开创的，但它根本没有被消费者认识，大部分人报不出它的品牌名。作为中国乳制品行业的巨头，蒙牛和伊利只需要在其他乳企建立创新品类的认知前，快速跟进对手的创新，做出相同的产品，然后加大向消费者的宣传，就可以立于不败之地。

第三，领导者需要关注品类分化趋势，顺势布局新品类。

回顾商业发展历史，可以发现品类分化是商界的必然发展规律。在科技进步、市场竞争加剧等诸多因素的影响下，某一品类会不断分化出越来越多的新品类，涌现出越来越多的新产品。例如，自1946年第一台电脑问世后，在仅70多年的时间里，电脑的品类就分化出了小型电脑、中型电脑、个人电脑、笔记本电脑等；酒店品类不断分化出高档酒店、平价酒店、商务酒店、假日酒店、公寓酒店、电竞酒店、民宿等诸多新品类。

在品类分化的压力下，市场上不断迎来新的细分品类领导者，这将持续侵蚀作为老品类领导者的市场份额和心智份额。以中国消费者最熟悉的火锅品类为例。走进一家商场，我们会发现，原有的火锅领导品牌海底捞在品类分化的趋势下，消费者也出现了分流。

更为严重的是，随着老品类走向衰落，如果领导者不能及时布局、把握新品类，将不可避免地随着老品类一起走向灭亡。曾经享誉全球的"手机一哥"诺基亚，在以苹果手机为代表的智能手机快速发展的背景下，随着传统手机品类的生存空间不断被挤压，品类的冰山逐渐融化，最终走下神坛。

因此，面对品类不断走向分化的趋势，领导者要主动推动品类分化，积极进行品类推广，让消费者看到这一品类的价值，把握细分品类的成长机会，从而实现自身的持续领先。

商战模型二：进攻战

进攻战适用于有资源、有实力、有基础跟领导者抗衡的品牌。能进行进攻战的，往往是排名第二且与领导者差距较小的企业。现实中，绝大部分企业都选择关注自身，寄希望于通过改善自身的产品、销售、服务来赢得更多的市场份额。但在商界，企业面临的首要问题就是竞争，专注自身而忽略竞争对手是风险极

第 3 章 定位的方法：抢占心智需要做对的五件事

大的做法。

俗话说，"第二和第三的战略，是由领导者决定的"。对在品类里占据第二、第三地位的企业来说，最应该做的是把竞争的靶子对准领导者。最佳的做法是以竞争为导向，找出领导者强势背后固有的、无法避免的弱势，并向弱势发起进攻。只有如此，才能最精准、最高效地削弱领导者，同时壮大自身，让自身取而代之，成为品类的代表。

进攻战的关键就在于找到领导者强势背后的弱势，这一弱势能极大地触动消费者利益，且又根植于强势之中，领导者不可消除。 奔驰曾一度因为乘坐舒适而在高端汽车市场取得领先地位。然而，乘坐舒适是以庞大的车身、平稳的驾驶为基础的。宝马率先找到了奔驰强势背后的弱势，也就是：车身庞大，难免不够灵活；驾驶平稳，但会失去操控性。宝马用车身更小、操作更敏捷的汽车对奔驰发动攻击，强调"驾驶乐趣"，将自己定义为"终极驾驶机器"，从而在美国甚至世界上很多国家实现逆袭。

需要注意的是，领导者的有些弱势无关痛痒，可以自行消除。例如，在 20 世纪五六十年代，IBM 是计算机行业当之无愧的第一品牌，生产规模和销量规模都领先同行。在强大的规模效应支持下，IBM拥有行业中最强的成本控制能力，能够做到生产成本行业最低。因此，高价并非IBM固有的弱势，如果有电脑品牌想要通过推出和IBM相似的产品但价格更低来挑战IBM，注定无法成功。

找到了进攻的焦点后，排名第二、第三的企业应该收缩战线，聚焦进攻。著名的军事理论家卡尔·冯·克劳塞维茨（Carl von Clausewitz）在讲述战争的获胜原则时曾说道，"必须在决定性的地点投入尽可能多的军队进行战斗"。人多力量大，这在商战中同样适用。发动进攻战的企业，必须集中大量资源针对领导者的弱势发动进攻。

农夫山泉的"世纪水战"正是进攻战的绝佳案例。2000年，中国瓶装水的头部品牌是娃哈哈和乐百氏。为了抢占瓶装水品类的领导地位，农夫山泉经过研究后，发现娃哈哈和乐百氏都是依靠生产纯净水取得如此大的市场份额的。然而，"纯净水"强在"纯净"，也弱在"纯净"——纯净水无污染、无杂质，可以放心饮用，但纯净水缺乏人体必备的微量元素。纯净水的这个弱点成了农夫山泉的绝佳进攻点，农夫山泉由此开创了含有人体必备微量元素、更有利于健康的天然水品类，对娃哈哈和乐百氏发起了声势浩大的进攻战。2000年，农夫山泉召开发布会，宣布"全面停止生产纯净水"。消息一经公布立即引发了全国媒体和社会公众的广泛关注，并收获了来自娃哈哈、乐百氏、怡宝、天河等众多纯净水品牌的声讨。然而，赚足流量的农夫山泉在成功"拿到话筒"后，进行了一系列公关活动，如在央视和各省、区、市电视台播出科学对比实验，成为2000年悉尼奥运会中国体育代表团训练比赛专用水等。农夫山泉通过这些举动强力回击对手，成为消费者心中更加健康的瓶装水代表品牌，最终赢得了进攻战的胜利，一跃成为中国瓶装水的第一品牌。

怪兽与红牛：能量饮料中的二元竞争

商业发展的历史表明，在新品类的开创期和发展期，通常会有大量的品牌被品类前景吸引，涌入市场。然而随着市场竞争的不断演化，当进入竞争的终局时，每个品类往往会形成由两大品牌主导市场的竞争格局——一个是值得信赖的老品牌，另一个是后起之秀；一个是领导者，另一个站在领导者的对立面。这是因为，在一个成熟的品类中，消费者通常会被分成两个群体：一个群体倾向于选择领导者；而另一个群体不愿意选择领导者，但又追求好的产品。与领导者对立的第二品牌就成为后一类消费者的心智首选。我们把这一过程叫作"二元定律",也就是从长远角度来看,实力强大的两个头部品牌会统治某一类市场,令第三品牌处于巨大压力之下。

二元定律迫使品牌要在所在品类中数一数二:要么成为第一,成为领导者;要么就通过与领导者对立,在认知上成为强大的第二品牌。在一家独大的市场,运用二元定律找到领导者背后的空缺,往往能发现打造第二品牌的巨大机会。

1987年,随着红牛的迅速崛起,世界上的饮品企业都想进入能量饮料市场分一杯羹,大量的能量饮料品牌先后成立,并纷纷走上了模仿红牛之路。当时的杂货店和便利店的货架上堆满了红牛和红牛的模仿者们,它们无一例外地选择以8.3盎司[1]的易拉罐为外包装。然而,在8.3盎司的能量饮料品类中,红牛已经建立起绝对优势,模仿者们想要凭借和红牛相似的包装、相近的价格挑战红牛,几乎毫无胜算。

---

1 约245毫升。——编注

后发品牌怪兽经过研究发现，包装规格是美国消费者选购饮料的重要影响因素之一，是能够进行品牌突围的重要方向之一。1934年，百事可乐通过"5分钱能买两份货"的战略，凭借355毫升大规格抢走了当时每瓶仅195毫升的可口可乐大量的市场份额，就是利用包装规格进行突围的最好例证。更重要的是，红色8.3盎司小罐子是红牛的经典视觉标志，是红牛绝对难以舍弃的强势背后的弱势。因此，对怪兽来说，大规格是它能够打赢能量饮料之战的绝佳机会。

在找到"包装规格"这一突破点后，怪兽在命名、规格、外观等各方面都进行了全新设计，和红牛形成了极致差异化：在命名上，选用了大胆、野性、蕴含力量，极具画面感和冲击力的"魔爪"作为品牌名；在规格上，在价格相近的基础上，率先采用16盎司[1]易拉罐包装，通过更大容量对红牛发起了进攻战，因为许多消费者会认为，双倍容量、双倍摄入意味着双倍效果；在外观上，和"魔爪"这一名称相呼应，采用了绿色的魔爪设计，与红牛的红色包装截然不同。

---

[1] 约473毫升。——编注

一大一小，一红一绿，包装规格上的对立使得魔爪和红牛被摆在货架时，天然就形成了鲜明的对立，怪兽给消费者带来了小罐红牛以外的另一大选择。这一对立战略的威力很快就得以显露，怪兽在上市首年（2002年）便取得了3%的市场份额，并在此后迅速超越红牛成为美国销量第一的能量饮料，全球销量份额高达31%，而红牛全球市场份额则由垄断式的91%下跌至41%。

商战模型三：侧翼战

侧翼战适用于规模更小的、处于第二第三梯队的品牌，它们通常是在消费者心智阶梯中排名第三到第七的品牌。它们无力跟第一梯队的品牌抗衡，它们提升市场份额的最佳策略是发动侧翼战。

假如一处山地尚无设防，那么用一个班的兵力就可以把它攻打下来。但是假如对方已经设防，那么要攻打下同样的山头需要整整一个师付出最大的努力才行。对第二、第三梯队的品牌而言，因为资源有限，不可能直接向领导品牌发起进攻战，其最佳的策略是找到"无争地带"，即第一梯队品牌都还没有触及的细分市场，通过率先向这个细分市场投入兵力，成为一方霸主。

第 3 章 定位的方法：抢占心智需要做对的五件事

那么，如何发动一场侧翼战呢？

首先，需要开辟一个"无争地带"。单就产品而言，发动侧翼战并不需要生产出有别于市场上任何已有产品的全新产品，但你的产品必须包含创新或独特的部分，在消费者心智中形成与众不同的认知，从而使消费者将其归为新产品或新品类。这便是开辟"无争地带"的最佳方式。例如，在碳酸饮料市场，可口可乐和百事可乐两家占据了绝对的主导性地位，其他的国产碳酸饮料品牌，如非常可乐、天府可乐根本无法与之抗衡，就逐渐淡出消费者视野。元气森林的异军突起，靠的并不是聚焦传统的碳酸饮料品类，而是切出一条新的细分赛道——0糖、0脂、0卡气泡水。对消费者而言，0糖、0脂、0卡气泡水是一个有别于传统碳酸饮料的新类别，因为它不含蔗糖，也没有磷酸等具有腐蚀性的成分，却有白桃等清新天然的口味。这就是元气森林通过侧翼战杀入碳酸饮料市场的经典商战案例。

其次，需要发动动作迅速的"战术奇袭"。侧翼战的本质是一种奇袭，需要出人意料，迅速夺取"无争地带"。奇袭因素越强，迫使领导者做出反应和设防的时间就越长，获胜的可能性也就越大。但是很多公司为了获得更加确定的结果，进行市场试验或过多的市场调研，往往打草惊蛇，让领导者提早防备，最终导致奇袭失败。例如，百时美－施贵宝（Bristol-Myers）和强生都是历史悠久的制药巨头，历史上曾发生过一场百时美－施贵宝vs强生的大战。这次大战的背景我们在前文略有提及，1955年强生推出了止痛药"泰诺"，由于泰诺解决了阿司匹林会导致胃出血的问题，销量直线上升。百时美－施贵宝公司以为机会来临，于1975年6月推出了"戴特尔"（Datril），称此药品"具有与泰诺同样的止痛效果，一样安全可靠"，而且尤其重要的是，"买100片泰诺需要花2.85美元，而买100片戴特尔只需1.85美元"。面对泰诺这个强大的对手，戴特尔的侧翼战犯的第一个错误是没有找准出击点，因为泰诺的价格并不是消费者的痛点，况且泰诺更有规模优势去开展价格战。百时美－施贵宝公司犯的第二个致命错误是在它的传统试销地奥尔巴尼市和皮奥里亚市进行了市场试验。市场试验迅速引起了强生的警觉和反击，在戴特尔打出低价广告后，强生公司快速向媒体、专利协会、商业促进委员会进行了投诉，要求戴特尔终止抄袭行为。在强生的多次抗议和强势回应之下，这些低价广告甚至被哥伦比亚等全国广播公司拒绝播放，最终百时美－施贵宝的低价进攻图谋也只能走向破产。

第 3 章 定位的方法：抢占心智需要做对的五件事

再次，一旦测试成功，就要快速扩大兵力、建立先发优势。"成功是成功之母"，如果用来进行侧翼进攻的产品获得了初步成功，品牌就必须乘胜追击，在领导者尚未察觉或加入前，加紧投入更多的资源，复制、放大已经获得的成功，在胜利的基础上赢取更多的胜仗，以此获得巨大胜利。元气森林针对碳酸饮料巨头发动的侧翼战，也胜在乘胜追击的速度，具体体现在两个方面：首先，元气森林在初拾战果、营收达到数千万元之后，就开始了针对目标人群的心智攻占，如赞助年轻人群所喜爱的综艺、音乐节等；其次，元气森林在渠道扩张上选择了当时最快覆盖全国的路径，即优先跟连锁便利店合作，在全国范围内快速拓展合作伙伴。

最后，在领导者及时防御前建立认知。一次侧翼战的成功将很快引起领导者的警觉和注意。一旦领导者进入市场，发挥技术、渠道、销售等各方面的优势，小企业将很难守住已有战果。因此，侧翼战成功的关键要素在于，要在领导者开启防御前率先在消费者心智中建立认知。消费者认知不易改变，只有在消费者心智中将品牌与细分品类成功绑定，才能在和领导者的竞争中占据优势和先机。

许多品牌之所以能够实现从小到大的飞跃就是因为成功发动了侧翼战。侧翼战的形式多种多样，价格上的侧翼战是一种常见的形式。低价侧翼战利用了人类的省钱心理，吸引消费者，同时通过在消费者注意不到或不关心的方面降低成本而获得盈利。例如，拼多多通过"砍一刀"、拼团购物等新购物模式，借力微信等社交平台，同时引入大量供应商低价卖货，从而大幅降低了获客成本、供应链成本等，让消费者能以更低价格购买商品，最终成功对中国传统电商——淘宝和京东发起低价侧翼战。到了2020年，拼多多的月活用户人数达到7.88亿，成功超越阿里巴巴，成为全球用户规模最大的电商平台。

高价侧翼战利用人类认为高价商品品质更好的心理，通过提高价格增强商品的可信度。例如，哈根达斯通过开创超高售价的高端冰淇淋细分市场，成为销量最高的高端冰淇淋品牌。而在中国，钟薛高曾凭借超高的价格，成为雪糕界的"爱马仕"。2018年"双十一"，单支售价66元的厄瓜多尔粉钻雪糕横空出世，5万支产品在40分钟内被一抢而空，天价雪糕迅速让钟薛高"出圈"，在伊利、蒙牛等大品牌林立，地方中小品牌众多的雪糕行业中站稳了脚跟，并成为中国国产高端雪糕代表品牌。当然，钟薛高仅仅运用了侧翼战，切入了超高端价位领域，却没有在这个

第 3 章 定位的方法：抢占心智需要做对的五件事

领域站稳脚跟，这是最大的遗憾。相较哈根达斯有"洋品牌"的光环和多年培育积累的信任度，钟薛高只有高价。

型号也可以作为发动侧翼战的方式。例如，大众通过推出小型汽车甲壳虫，在以通用为代表的汽车市场中，成功实现了小型产品的侧翼突围，颠覆了美国汽车工业格局。大型产品同样有成功的侧翼战案例。

渠道创新往往可以成为后进入者发动侧翼战的重要策略。过去，以三星、步步高、HTC等为代表的手机品牌主要通过线下经销商、代理商进行售卖，小米打破渠道常规，以互联网为主要渠道建立手机品牌，成为年轻人高性价比手机的首选品牌。

产品特性同样也是侧翼战的一大切入口。企业聚焦某一特性，更容易使自身从同类产品或服务中凸显出来，取得成功。例如，里斯战略咨询通过消费者调研发现，耐磨是消费者在购买大理石瓷砖时在花纹以外最关注的特性，品牌亦能够较为容易地通过突出"耐磨"建立差异化。大角鹿凭借超耐磨钻石釉技术，推出了耐磨度是普通瓷砖 3 倍的产品，成功开创超耐磨大理石瓷砖新品类，发力占据了大理石瓷砖品类的第一特性。仅 3 年时间，大角鹿的营收就从 3 亿元增长至 50 亿元（终端销售口径），成为"中国瓷砖增长王"。

商战模型四：游击战

游击战适用于在消费者心智阶梯中处于第七名以后的品牌。这类品牌通常是市场中的"大多数"，它们规模更小，往往是区域性的品牌，没有资源也没有能力发动进攻战和侧翼战。对它们而言，更低成本、更灵活的游击战是首要选择。

游击战的战略要义是远离领导者。其核心在于，找一个足够小的、能守住的细分市场。因为市场规模足够有限，领导者不屑于加入竞争，或者即使加入，也难以发挥出领导者的强大优势；而小企业则能够凭借自身灵活的优势，抵御领导者进攻。

游击战与侧翼战的区别在于，侧翼战是经过策划，在距离领导者较近的前线发动的，其目标是夺取或降低领导者的市场占有率。但是游击战要远离领导者，避免受到领导者攻击。游击战要取得成功，一个重要的前提是，找到一个足够小的细分市场。游击战的目标并非占据竞争对手的地位，而是远离强大的竞争对

第3章 定位的方法：抢占心智需要做对的五件事

手，获得平稳发展的机会。因此，采用游击战的企业应当找到并把兵力集中在一个足够小的细分市场，该细分市场小得能让小企业自身成为领导者，让大公司难以进攻。小，可以是地理意义上的小，也就是地方性、区域性市场。例如，地区性的零售商可以因地制宜，迎合当地的特点，切中地方消费者的消费习惯和需求。小，也可以是容量上的小，即市场规模小。例如，劳斯莱斯汽车利用高价游击战占据了高价位的美国汽车市场，高端市场有限的市场规模让其免受汽车行业领导品牌的攻击。

游击战的一大重要原则在于维持简单的公司组织，提升人员利用效率，从而保持企业高度的灵活性、机动性。大公司往往机构繁多、人员冗杂，在典型的大公司组织系统中，一半以上的人员都扮演着后勤角色，为其他员工提供服务，只有较少数的员工在前线冲锋陷阵。庞大的组织机构在带来高昂的运营成本的同时，也让大企业在市场竞争中行动迟缓——一个决策可能要经历几周甚至几个月的审批，然而商业竞争是瞬息万变的。游击战下的公司正应该利用这一点，形成简单精巧的组织，将大部分的人员投入前线战场，缩短决策流程，在集中兵力和资源的同时，提高游击战的速度，及时适应市场变化，调整游击策略。

同时，在游击战中需要做好随时撤退的准备，切勿恋战。公司打游击战的目的是存活，只要能存活下来，就能继续战斗。因此，在游击战中，小公司要充分发挥灵活紧凑的组织系统优势，根据战况及时调整策略。一旦开拓市场困难，难以取胜，就应当果断撤退，保存珍贵且有限的资源，以期东山再起。而当市场前景向好，或者发现了一个重要的市场机会，就应当快速挺进，占领别的知名品牌因种种原因放弃的阵地，填补市场空缺。

那么，如何找到一个足够小的市场发动游击战呢？聚焦地理、人口、行业、产品、价格等各个维度都有可能为品牌找到一线生机。

地理游击战聚焦一个区域，为该区域提供产品或服务，也就是成为某个区域的"地头蛇"。这种方式的逻辑是，区域性品牌往往能聚焦区域建立一定资源壁垒，相对全国性品牌形成易守难攻之势。例如，在已有《商业周刊》《财富》《福布斯》等全国性商业类报刊的情况下，《克莱恩芝加哥商业报纸》通过聚焦芝加哥当地，成为芝加哥地区市场份额第一的商业类报纸。

人口游击战指的是将消费者群体按照年龄、收入、职业等标

第 3 章 定位的方法：抢占心智需要做对的五件事

准进行划分，并有针对性地吸引其中一种特定人群。例如，《公司》刊物创始人发现，过往全国性的商业刊物都是针对大企业推出的，由此他推出了专门面向小企业主刊发的报纸。

行业游击战是指企业专注于特定行业，在行业内进行纵深服务。行业游击战成功的关键在于"窄而深"，而不在于"广而浅"。例如，食堂生鲜配送行业是一个数千亿元的大市场，其中就有区域小品牌专门聚焦幼儿园的食堂生鲜配送。幼儿园对食材的丰富性要求相对较弱，而对食材的品质稳定性要求较高，生鲜配送更容易在此实现标准化运作并形成专业性。

产品游击战是指企业专注单一品种、独特产品的小市场，并以此赢利。

高价位游击战指的是，通过切入高价赛道、第一个占领高价位阵地，从而占领这块小而美的市场。因为小企业并不具备足够的资源，难以在落后的情况下突破头部品牌的封锁，占领主流市场。小而美的高端市场可能更适合小品牌存活。但需要注意的是，企业要敢于放下已有品牌名的认知包袱，以不知名的品牌推出新产品，不要陷入品牌延伸陷阱。例如，诺基亚曾在 2002

年推出全球首个奢侈手机品牌vertu。该品牌手机由全手工打造，用料奢华，售价一般超过2万美元。凭借超高端价位，该品牌成功在手机市场中打了一场漂亮的高价位游击战，到2015年累计销量超过40万台。

总之，四种商战模型为不同处境的品牌提供了不同的战略原则和战术思路。其中，最为核心的要义是："在商战中，重要的不是你想做什么，而是你的敌人或竞争对手要你做什么；不是关注你的股票价位，而是与竞争对手相比你赢得了多少消费者。"

聚焦原则：
品牌、信息与资源

简单来说，**聚焦原则就是集中资源做好一个业务，做成之后，再集中资源做下一个业务**。这道理看似非常简单，但在商业实践中，企业迫于各种压力，往往会陷入"多头发力"的陷阱。

一方面，增长是现代企业经营发展面临的永恒课题。为了追求规模的不断增长，为了抵御市场的起落带来的营收波动和对经营的不利影响，许多企业被迫走上多元化的道路，试图通过开辟更多的业务线，在分散经营风险的同时，为企业带来更多的营收。在企业家的设想中，只要能为各个市场提供不同价格的多种产品和服务，就能获得企业增长。然而，在商界中，"1+1>2"在大多数时候并不成立，两个效益不佳的生意凑在一起并不会产生奇迹，并不会让企业走上良性循环的健康发展道路。恰恰相反，将业务线过度延伸到许多新的甚至不擅长的领域，反而会减少企业利润，影响企业的稳定经营。

另一方面，部分企业对自身的品牌价值往往过分自信，认为既有品牌能为新产品提供绝佳的背书，因此，为了实现品牌价值最大化，许多企业选择运用品牌延伸的方式，布局新产品。然而，历史经验告诉我们：品牌延伸式发展，在短期内或许能依靠既有品牌的影响力为企业带来优势；但长期来看，将会模糊消费者对既有品牌的认知，扼杀既有品牌良好发展的势头，让企业失去发展的方向，最终陷入增长停滞的陷阱，变得混乱无比。

福特曾经是多元发展的典型代表，它试图从一家单一的汽车公司，向汽车、金融、高科技"三位一体"的多元化公司转型，先后共斥资 60 亿美元高额款项收购两家金融公司，以完成

第3章 定位的方法：抢占心智需要做对的五件事

这一"伟大"的转型。然而新组成的巨无霸公司发展情况不容乐观，金融和高科技业务不仅没有带来任何额外的增长，还导致企业资源被高度分散，使得福特核心的汽车业务受到极大影响。为什么会出现这样的情况？我们不妨思考：比起汽车业务，福特在金融、高科技业务上足够专业吗？福特在汽车业务上排得上名号，但在金融、高科技业务上，面临那么多强大的对手，有可能逆袭吗？

聚焦是世界运行的普遍规律。在自然界中，太阳是一种强能源，但是人们只需要一把阳伞，就能挡住太阳的光芒；激光则是一种弱能源，但是高度聚焦赋予了激光能够轻松切割钻石和钢板的能力。在物理学中，人们将没有聚焦的状态称为"混乱"或是"熵"。熵定律表明，在一个封闭空间中，系统的总能量不变，随着熵增加，能量中的可用部分会大幅减少。这些都恰恰说明了，如果不聚焦，自身的力量将被大大削弱，唯有通过聚焦，才能形成最强大的进攻力量，化混沌为有序。

在商业世界也是如此，尤其在现今高度竞争的社会，想成功，就必须精准聚焦。传统商业理论认为"依靠好的产品或服务可以赢得市场"，这就是质量定律。然而在现实中，消费者面对大量价格相当且同质化的商品，何以判断产品质量的好坏？皇冠可乐曾做过100万次品尝试验，证明自己比可口可乐好喝（57%比43%），也比百事可乐好喝（53%比47%），然而畅销全球的可乐品牌依然是可口可乐和百事可乐。

质量定律确实存在，但真正影响消费行为的却不是事实上的产品质量，而是认知中的产品质量。消费者难以通过感知判断产品质量的好坏，他们往往根据认知做决策。例如，畅销产品的质量肯定不错，喝可乐就选择可口可乐。因此，企业想要在商业竞争中获胜，不能局限于对生产工艺的改进，而应该改变消费者的认知。

聚焦就是企业改变消费者认知的重要方法。在消费者认知中，越是专业化的品牌，产品质量越好；在某一品类中，越是销量好的品牌，产品质量越好。战略的精髓在于舍弃，企业聚焦发展，率先占据并成为某个品类中细分市场的代表品牌，这样做虽然缩小了自己的业务范围，却提升了企业的专业度，同时也能借助细分品类领导者的光环，为其他产品提供质量背书，让品牌顺利成为消费者的心智首选。

例如，汽车是耐消品，消费者在选购汽车时考虑很多，比如外观、空间、动力、安全、驾驶体验等多种因素。为了吸引消费者，大部分车企在广告营销时会选择贪多求全，打包以上诸多特性，以向消费者展示全方位出击、没有短板的汽车产品。然而，有一个汽车品牌却通过聚焦杀出一条血路，成功在全球豪华汽车市场中站稳脚跟。沃尔沃深度聚焦"安全"这一特性，进行了一系列的深耕投入：在外观设计上牺牲了优美感，风格偏向沉稳结实，给人以安全感；在产品研发上，持续投入，从1945年到1990年，发明了32项主动或被动安全装置，并推动沃尔沃安全标准成为美国交通安全标准；在公关上，通过汽车特技驾驶表演和碰撞实验等充分展示优越的安全性能……最终，沃尔沃成为消费者心中安全汽车的代表，成功扭转了连续10年亏损的发展困局，在被奔驰、宝马、奥迪等品牌占据的豪华汽车市场中实现突围。

既然聚焦如此重要，那么应该如何运用聚焦原则？

第一，品牌需要聚焦，一个品牌往往只能代表一个品类。品牌延伸是领导者在小部分情况下才具有的特权。在大部分情况下，通过品牌延伸的方式布局其他品类注定会造成心智的混乱，模糊消费者心智中对品牌的认知，造成品牌的失败。

以两家同属于日本电子行业的企业索尼和任天堂为例。虽然索尼拥有更大的规模，但是因为业务线过于分散，消费者尤其是非日本市场的消费者在购买具体细分的电子产品，如笔记本电脑、智能手机时，更多想到的是苹果、三星、联想，而无法第一时间想到索尼。而任天堂选择聚焦游戏机领域，开创了家庭游戏机品类，使自己的产品成为全球消费者购买家庭游戏机时的首要选择。尽管营收只有索尼的十几分之一，但利润表现却远胜前者。2007年，任天堂净利率高达22%，是索尼的13倍。

第二，信息需要聚焦。越是简单的概念，越容易进入心智。向消费者传播的信息越复杂混乱，消费者越难以建立关于品牌的清晰认知。而聚焦往往意味着简单且难忘，极度简化且与众不同的信息反而更容易进入消费者的心智，并且发挥作用。尽管必胜客是比萨第一品牌，在消费者心智中代表了比萨品类。但排名第二的小凯撒是美国增长最快的快餐连锁品牌之一，小凯撒没有餐桌，没有服务员，没有送餐车和司机，聚焦比萨外带细分市场，主打"两个比萨，一个的售价"，广告语为"比萨，比萨"，通过聚焦不断强调"比萨"，在消费者心智中不断夯实自己是"比

第3章 定位的方法：抢占心智需要做对的五件事

萨且是低价比萨"的认知。

第三，兵力资源需要聚焦，如此才能一击即破。商业界因为激烈的市场竞争而处于不断的分化中，在这样的大环境下，布局大而全的企业面临着战线过长的困境——企业的资源被分散到众多的业务线上，将导致局部力量过于薄弱，进难攻，退难守。只有聚焦才能集中兵力，小企业能依靠聚焦发挥出有限资源的最大力量，从而在细分市场中扭转资源劣势的局面，实现一击即中。

在中国汽车发展史上，里斯战略咨询就曾经成就过一个靠聚焦实现局势逆转的"小企业"。在中国汽车行业长期被合资企业垄断的背景下，长城是一个默默无闻、随时面临出局的小企业，在2008年中国本土汽车公司中产量排名倒数第二，仅在力帆之上。但一家这样的小企业，版图却十分庞大。长城布局了SUV、轿车、皮卡、工程车、特种车等多个品类，每个品类在研发、生产、营销、销售上都需要成本，这导致长城品类虽多，但都十分弱小，整个集团9个子品牌年合计销量仅12万辆。长城将SUV定为企业未来的主干业务后，将原来过度分散的资源聚焦到SUV品类上，力出一孔，推出以SUV车型为主的全新子品牌哈弗。可以想象一下，假设有1亿元的营销费用，长城本来要将其分给9个品牌用，每个品牌的营销费用都捉襟见肘；而现在，长城将其全部投到一个品牌上，这个品牌就可以获得巨大的兵力支持。资源的聚焦，是哈弗能够成为中国SUV领先品牌的关键力量。

绝味鸭脖：战略目标不等于战术市场

战略目标和战术市场的区分之所以变得如此重要，是因为企业经常忽略目的和手段之间的区别。

获得更多的营收和更高的利润是目的，开拓更多的业务、推出更多的产品是手段。很多企业，往往把开拓更多的业务、销售更多的产品和获得更多的营收画等号。但实际上，为了营收和利润，企业有很多种方式可以选择，并且其中最有效的往往不是推出更多的产品，布局更多的业务。最有效的策略是，成为消费者心智中某一品类的代表。

进入消费者心智是目标，选择怎样的定位和传播方式是手段。很多企业往往把宣传更多的卖点当作争取消费者的唯一方式。但实际上，为了获得更多的消费者，最佳的方式不是宣传更多的卖点，而是用一个差异化的定位占据消费者的心智。例如，万宝路香烟借助牛仔的形象，集中宣传男子气概。并不是只有看起来极具男子气概的人才会抽万宝路香烟，实际上，很多欣赏和追求男子气概的人也会去抽万宝路。再如，强生婴儿洗发香波的使用者是婴儿，却吸引了很多皮肤敏感的成年消费者。

战争讲求出奇制胜，符合常识的思路往往是大多数人的选择，也是难以制胜的策略。

绝味鸭脖便是通过一根小小的鸭脖撬动熟食小吃大市场的案例。绝味鸭脖的成功离不开对一个正确的、具有认知势能与辐射效应的战略市场的选择，它通过聚焦战略目标，带动了相关品类的销量。

在熟食小吃行业中，鸭脖因其多样的风味和紧实的口感，受到众多消费者的喜爱，是行业中规模最大、最重要的品类。绝味鸭脖凭借其产品香辣的口味、爽口的口感、大众化的价格以及遍布全国的加盟门店，迅速建立起"绝味＝美味的鸭脖"这一认知，成为消费者心中卤味鸭脖的代表品牌。而鸭脖领导者的认知优势，也对绝味旗下其他的熟食小吃产品产生了重要的辐射效应。消费者被绝味的鸭脖吸引，到店以后往往还会顺势购买店内其他的熟食小吃产品，从而带动了鸭锁骨、鸭胗、毛豆、腐竹等众多产品的销售。

由此，绝味以鸭脖为切入，成功成为消费者在追剧、看球等休闲时刻的首选，跻身中国熟食小吃市场的第一品牌，市值一度高达 600 亿元。

回顾这两节的内容，商战模型在三种定位方法的基础上，为处于品类中不同地位的品牌找到适合自己的定位指明了方向，并为其提供了在竞争中制胜的商战策略。而聚焦原则进一步指出，在高度竞争的商业世界中，企业唯有集中兵力资源，才能突破强势品牌的封锁，实现长期发展。商战模型与聚焦原则，是定位理论的升级。

到了 21 世纪，随着互联网的兴起和创新的加速，定位理论遇到了新的挑战，也迎来了新的变化。

终极的定位：
品类创新

根据达尔文生物进化论的观点，生物世界是包罗万象的，但有一条具有普适性的规律，那就是：千千万万的生物可以被区分为很多物种，每一样物种都有一个共同祖先。生物从祖先开始逐渐演化为各种各样的细分种类，这个过程就是自然选择和遗传变异的过程。商业世界跟自然界很相似，商业品类跟自然生物一样，也是不断分化的。例如，在汽车诞生之初，只有福特的T型车,但后来不断分化出了轿车、SUV、MPV、皮卡、厢式车等。又如,啤酒业从诞生之初至今,出现了淡啤、生啤、干啤、鲜啤,甚至还有不含酒精的啤酒。

进入21世纪,商业世界面临着史无前例的复杂环境:互联网的诞生加速了人工智能、云计算等超级技术的问世,人类科技进步一日千里,各行各业的新品类数不胜数,如电商品类就分化出了综合电商、生鲜电商、直播电商、社区电商、特卖电商等,网约车分化出了快车、专车、顺风车、拼车等。与高科技的结合,会给老品类带来分化的新机会,如:汽车里面就出现了新能源汽车,新能源汽车又分化出智能驾驶汽车;手机中出现了智能手机,未来还有可能进化出AI手机。

人类的消费观也正在进行新一轮大迭代。首先是健康观念的不断觉醒。0蔗糖气泡水、0蔗糖酸奶品类的兴起,背后是消费者对糖分引发的健康隐患的关注。0添加酱油、0添加面包品类的分化,背后是消费者对食品添加剂带来的健康隐患的关注。运动鞋服新品类的不断诞生也是由人们追求健康的动力所推动的。此外,各种圈层文化也在影响着人们的消费观念,例如宠物圈催生了规模巨大的宠物食品、宠物家电、宠物玩具等新品类,健身圈催生了各种健身装备、健身食品饮料的新品类。

在历史巨变的洪流中,过去依靠单一品牌、单一品类的发展战略的局限性不断暴露。例如,汽车行业曾经的行业霸主,无论是宝马、奔驰,还是丰田、本田,在新能源赛道都布局缓慢,结果就是在新能源大潮中不断地丢失市场份额。食品行业曾经家喻户晓的品牌,如南方黑芝麻糊、六个核桃、露露,在消费者逐渐抛弃传统的黑芝麻糊、核桃乳、杏仁露的时候,它们的增长越来越吃力。在服装行业,美特斯邦威、森马、以纯等品牌曾是年轻人热捧的品牌,但如今持续闭店、门可罗雀……摆在这些企业面前的问题是,如何抓住新趋势之下诞生的新品类,不再沉溺于持续衰退的老品类。

品类创新:在心智中创造一个新品类

传统意义上的创新,通常是指对产品和技术的改变和革新,关注事实上的创造。然而这一定义具有很大的局限性。在商业世界中,如果创新没能带来经济成果,那它将毫无意义。认知决定事实,只有在消费者认知中形成创新才能对消费行为产生影响,进而为企业带来经济效益,如此才是真正具有商业价值的创新。

品类创新正是以消费者心智为基础，是在消费者心智中开创一个未被占据的品类，然后填充这一空缺。与传统意义上的创新不同，品类创新重新定义了创新的内涵与范畴。

第一，品类创新是一种真正意义上的消费者导向的创新思维，**不仅仅关注消费者的需求，更关注消费者的心智**。品类创新的机会孕育在消费者心智的空缺处。在品类创新的整个周期内，消费者心智都是最核心的指引方向。

例如，与小鹏和蔚来相比，理想很少去发布全新的技术及产品（如飞行汽车），它所使用的增程式技术甚至被同行嘲讽为落后的技术。但理想在关键点上是出色的，所谓的关键点指的是基于消费者心智的品类创新。李想曾在发布会上谈到，他要给中国家庭造车。中国家庭需要一辆什么样的车？首先，中国很大，值得带着孩子和老人出去看看，所以长续航很重要，它将减轻甚至消解里程焦虑；其次，一家人同时出行，还要坐得舒服，就要大6座；最后，在旅途中要吃要喝，而且还要娱乐，所以需要丰富的车上娱乐系统。这背后的原理是，理想基于中国家庭的消费者心智，打造了"没有里程焦虑的大6座电动车"新品类。品类创新让理想把握住新能源汽车赛道的心智空缺，把"落后技术"的

第 3 章 定位的方法：抢占心智需要做对的五件事

消费价值发挥到最大。2022 年，蔚来的毛利率只有 10.4%，而理想的毛利率则达到了 19.4%，接近特斯拉的 25.6%。不过，遗憾的是，理想品类创新的红利期并不长，新能源汽车品类迭代太快，理想能否持续抓住消费者心智、推进品类进化和分化，是决胜未来的关键。

第二，品类创新的核心是发现心智中的新品类空缺，品类创新不局限于技术、产品等有形要素，**语言、文字、图案等一切可以影响认知的因素都可以成为品类创新的重要组成部分**，总之，一切对消费者认知产生影响的要素都可以成为品类创新的抓手。产品和技术上的革新是新品类的基础和支撑，但并非全部，品类创新最终仍要回归消费者心智。

戴尔所开创的"直销电脑"的销售新品类就是一个很好的例子。IBM 推出个人电脑 3 年后，1984 年，当时只是大学二年级学生的迈克尔·戴尔（Michael Dell）发现，包括 IBM 在内的几乎所有的电脑品牌都是通过经销商来售卖的。于是，迈克尔·戴尔自行组装满足消费者需求的电脑，以低于经销商 10% 的价格，直接把电脑卖给消费者。迈克尔·戴尔经手的电脑很快就卖光了。他意识到，没有中间商的销售方式，成本更低，因而售价更低，把电脑这么高价值的产品卖出更低的价格，当然更受消费者欢迎。很快，他在大学宿舍里创办了戴尔，开创了"直销电脑"新品类：长期聚焦企业客户，根据企业需要定制产品，企业通过电话订购，没有中间商，没有库存。直销方式让戴尔发展迅猛，戴尔击败了当时风头正劲的IBM，成为个人电脑领域的全球领导者。

第三，品类创新的目标是创造心智中的新品类。**心智中的新品类有别于事实中的新品类**，有些品类可能早已问世，但只要还没有品牌在消费者认知中成为品类的代表，就存在进行品类创新、重新定义品类的机会。以电动汽车品类为例，全球第一辆电动汽车诞生于100年前，然而在特斯拉开创并重新定义电动汽车品类之前，几乎没有消费者能够说出一个电动汽车的代表品牌。在特斯拉诞生之前，在消费者心智中，电动汽车仍是一个存在认知空缺的品类。在强大的产品创新支持下，特斯拉给消费者带来了不一样的电动汽车认知：跨越式的性能和智能化的功能。首先，在基础的加速、极速等性能表现上，特斯拉让家用电动汽车拥有跑车级别的性能；其次，通过OTA（over-the-air technology，空中下载技术）和智能驾驶，让消费者在更便利、更轻松的同时，还不断获得新的功能体验。

第3章 定位的方法：抢占心智需要做对的五件事 / 171

品类创新的好处在于，作为品类的开创者，品牌能具备前所未有的认知地位，无可置疑地成为消费者的首选，成为品类之王。通过品类创新，品牌能够在消费者心智中建立起"品类等于品牌"的认知，获得强大且难以复制的认知优势，在起步期就成为品类的领导者，享受领导者的巨大光环和好处。品类创新也是企业最容易实践的方法。与其他创新的最大不同是，它改变了创新对技术和产品的依赖，从而大幅降低了创新的门槛，让创新不再是一种稀缺品，即使是资源有限的小企业也有机会通过发现心智中的空缺机会，开创一个新品类。

如何挖掘新品类机会

品类创新的起点在于挖掘新品类机会。这里需要借助品类洞察工具找到新品类，确定初步概念。品类洞察工具包括市场洞察、技术洞察、心智洞察（见图3.2）。

市场洞察	技术洞察	心智洞察
通过市场的现状或变化发现新品类机会	通过技术突破发现新品类机会	从消费者心智中得到新品类机会

图 3.2 品类洞察的三种工具

市场洞察

市场洞察就是通过发现新的、潜在的、未被关注的需求，解决问题。常见的市场洞察有以下四种方法。

第一种方法是结合新趋势，发现新问题。社会在向前发展的过程中，会不断诞生新的问题、新的需求，从而推动新趋势的产生，为各行各业带来源源不断的品类创新机会。例如，随着物质生活条件不断丰富，关注健康成为新趋势。人类的衣食住行都存在结合健康趋势进行品类创新的巨大机会，例如元气森林迎合低糖饮食趋势开创了无糖气泡水品类，Lululemon迎合瑜伽大众化、运动日常化趋势，开创了"适合瑜伽运动，也可作为日常穿着"的瑜伽服品类。

第二种方法是关注消费者的变化，如消费结构变化、家庭结构变化。中国的结婚率持续走低，单身人士比例不断上升，这为"一人食"和小包装品类创新带来了巨大机会。自嗨锅开创了可以让单身人士快速品尝火锅的单人自热火锅新品类。

第三种方法是关注渠道成本高昂的问题。科技的快速发展，

第 3 章 定位的方法：抢占心智需要做对的五件事 / 173

催生了互联网、移动互联网等全新渠道，新的渠道能够缩短供应链条，极大地节约渠道成本，各行各业都存在结合新渠道开创新品类的重大机会。例如，小米手机基于互联网渠道，开创了"互联网直销智能手机"新品类，通过渠道创新，节约了经销商流通成本，实现了极致性价比，仅用 5 年就成为中国市场占有率第一的手机品牌。

第四种方法是从消费便利性出发，降低使用门槛。很多品类都存在产品使用不方便、使用门槛过高的问题，这背后蕴含着品类创新的机会。

低频变高频是一大机会。在一些品类中，产品的包装规格过大，导致消费者难以一次性用完，在降低消费频次的同时，也产生了大量的浪费现象。美即面膜就通过推出单片销售的面膜，有效解决了消费者一盒面膜久用不完、浪费严重的问题，一度成为中国面膜的领导者。

从专业到大众是一大机会。一些品类过去出于价格高昂、专业素质要求高等原因，难以向大众普及。澳洲黄尾葡萄酒（Yellow Tail）通过亲民的定价（6.99 美元）、上佳的口感，使过去需要拥有专业技能才能品鉴的红酒大众化，迅速成为美国红酒市场上最畅销的品牌之一。

在部分品类中，从原料到成品的制作过程也是一大机会。在农业、药材等行业中，原料销售仍十分普遍。但这并不符合消费者的使用方式、使用场景、使用习惯，因而存在重要的品类创新机会。例如，小仙炖推出了烹饪好的即食燕窝，解决了年轻消费者不会烹调燕窝的消费痛点，开创了鲜炖燕窝新品类，在年轻群体中大获成功。

技术洞察

技术洞察的核心就是用新技术解决老问题，即解决现有品类的痛点。

一方面，可以将技术创新与新品类结合，为新品类的诞生奠定技术基础。例如，康巴赫通过蜂窝锅技术，解决了传统不粘锅普遍存在的由锅铲与涂层接触导致的涂层脱落的问题，开创了"蜂窝不粘锅"新品类。

另一方面，也可以将新技术和老品类结合，以解决老品类的痛点。例如，今日头条将智能推送技术和海量信息产出相结合，解决了过去门户新闻网站更新频率低的问题，成为移动信息门户的代表。

心智洞察

心智洞察，是指从心智出发，发现心智空缺的机会。具体来看，挖掘心智空缺存在以下几种方式。

第一种方法是聚焦。通过收缩并聚焦市场，在细分领域中成为第一。聚焦可以是人群的聚焦，通过推出专为儿童、老人、女性等需要特别关注的群体设计的产品，开创新品类，如儿童成长牛奶；聚焦也可以是产品特性的聚焦，放大产品的某种特性，如设计风格、独特口味等，使之形成一个新品类，如前文提到的斯巴鲁就通过靠聚焦四驱技术，开创了四驱车新品类，成功实现扭亏为盈。

第二种方法是抢先定义品类。通过抢先确立新品类的标准，或者对拥有负面认知的既有品类进行重新定义，在认知中开创一个新品类。例如，元气森林将低糖低脂的奶茶定义为"乳茶"品类，使之摆脱了传统奶茶品类"不健康"的负面认知标签。

此外，还能通过成为大品类或者站在领导品牌对立面、利用心智资源、抢占心智的方式，进行心智洞察，从而发现新品类机会。例如，千禾酱油针对在酱油品类中占主导地位的鲜味酱油，开创了不添加味精、色素、防腐剂的 0 添加酱油新品类；苏泊尔利用了用柴火灶蒸米饭味道更好的认知优势，开创了"球釜电饭煲"新品类。

从机会到落地：新品类设计 4N 模型

当发现并确定了一个新品类机会后，应该如何把握它呢？通过大量的案例实践，里斯战略咨询总结出新品类设计 4N（new）模型，4N 即新品类、新品牌、新定位、新配称（见图 3.3）。这四个部分是新品类设计最关键的环节，决定了新品类的方向和成长的土壤，决定了品类创新的成败。

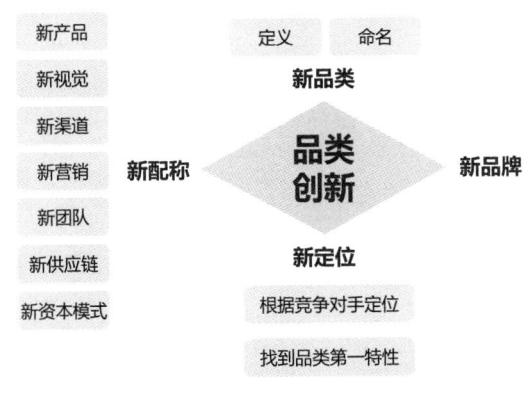

第 3 章 定位的方法：抢占心智需要做对的五件事

图 3.3 新品类设计 4N 模型

新品类

新品类包括对发现的新品类进行定义和命名。

首先，需要清晰定义新品类，以掌握建立品类标准的主动权，方便清晰介绍、推广新品类。一个清晰的品类定义需要回答：新品类是什么？它属于哪个大类？它和既有品类有何不同？它具有什么特点？它能为消费者带来什么好处？

其次，要利用既有认知为新品类命名。品类名对消费者建立认知及品类发展规模等都具有关键作用。一个好的品类名称应当没有负面认知，要尽可能通俗易懂，具有通用性，可以做到让消费者"见其名，解其意"，即无须进行过多的解释、教育，就能让消费者理解品类的核心特征。例如，将"热泵"作为新品类名就过于专业化，消费者无法通过品类名快速了解这个品类是做什么的，自然也难以对其产生兴趣。后来这个品类名被改为"空气能热水器"，市场销售很快有了起色。这个名称一方面能使消费者利用对热水器的已有认知，快速了解这个新品类的用途；另一方面，"空气能"能让人联想到太阳能等新能源，而且空气不像太阳一样受到天气状况的局限，能让消费者认为空气能热水器使用起来更方便。

新品牌

新品类必须启用新品牌。这是因为"心智排斥多重身份"，且认知一旦建立就很难改变。一个品牌只能关联一个品类，老品牌通常已经在消费者心智中与某一品类绑定，想要抹掉原有认知，需要付出远超过建立新品牌的资源量级。

提到宝马，你对它的第一印象是什么？没错，是燃油豪华车。但其实宝马同样是电动汽车研发、推广的先驱品牌，在多年前就已经推出电动汽车 i8、i3，但无论是市场表现还是消费者认知，i8 和 i3 都表现惨淡。

新定位

新品类需要有新定位。新定位的意义在于，用一个清晰、简单的概念让潜在消费者迅速地了解新品类的优点，从而降低品类教育成本，推动品类规模迅速扩张，也能让品牌作为新品类的领导者，收获更广阔的市场空间。

寻找新品类的最佳定位的一种方法是，根据竞争对手定位，这需要遵循三个步骤。

第一步，确定一个合适的核心竞争品类。老品类是新品类生意和潜在消费者的重要来源，每个新品类都会和多个老品类形成竞争关系。但为了集中营销资源，提高转化效率，新品类需要选择其中一个老品类作为核心竞争对手。竞争的靶子对准谁取决于可转化的老品类的市场潜力。例如，电动汽车作为一个新品类，会对传统燃油车、混合动力汽车等品类产生冲击，但传统燃油车作为过去主流的汽车品类，其市场容量大，电动汽车对其替代性最强，因此，电动汽车需要向传统燃油汽车发起进攻。

第二步，找到主要竞争对手强势背后的弱势。唯有强势背后的弱势，才是竞争对手的战略性弱势，它与强势共生共存、不可消除，是新品类发起进攻最关键的矛。这一点在侧翼战的相关内容中已阐述，此处不再赘述。

第三步，在找到核心竞争对手强势背后的弱势之后，站在其对立面，采用定位的方法，"一词"占领心智。例如，0添加酱油就是把以海天为代表的普通酱油作为竞争的主要靶子，找到了普通酱油成本低、味道好的强势背后无法克服的弱势——食品添加剂，从而形成了新品类，即"0添加酱油"。该品类的具体定义是"绝不添加味精、色素、防腐剂"。

找到新品类定位的另一种方式，也是常常被忽视的一大方式是找到品类的第一特性，即找到新品类相比老品类最重要的属性。例如，在中式快餐品类中，很多品牌都误将"美味"视作品类的第一特性。诚然，美味是消费者选择餐饮品牌的一大考量因素，但对快餐，"出餐快速"才是品类的第一特性，消费者往往是为了"快"而选择快餐。

新配称

配称的本义是"适配",指所有构成新品类的要素与新品类相适应并对其形成支撑。影响新品类认知建立的几乎所有因素共同构成了一个完整的战略配称体系。它是品类创新的重要组成部分,关乎品类创新战略能否顺利落地以及落地后的实际效果。

新配称的核心原则是:挑战极限,与老品类尽可能拉开差距。常见的配称要素有六种。

第一种,新产品。新品类与老品类在产品上尽可能拉开差距,尽可能摆脱老品类的影子。例如iPhone通过触屏操控等跨越式设计,定义了智能手机新品类,摆脱了键盘式手机老品类的束缚。

第二种,新视觉。新品类有机会定义新的视觉和外观标准,可以在这个方面与老品类拉开差距,从而在消费者中建立不同的品类认知。例如,特斯拉Model X独特的"鹰翼门"、Cybertruck充满科技感的外观,都和传统燃油车形成了显著区隔。

第三种，新渠道。新品类应当把渠道的变革和创新当作构建新品类的核心策略之一。把握新渠道，一方面能够大幅降低渠道成本，另一方面也能改善新品类在主流渠道的劣势局面。

第四种，新营销。新品类、新品牌的营销，跟老品类、老品牌的营销是大不相同的。成熟的品类和品牌，往往采用广告的方式进行传播。而新品类、新品牌，天然更具话题度，更容易被媒体报道。例如，"0添加酱油"自诞生之日起就带有揭露普通酱油有添加剂这一现实的故事性，很容易通过公关的方式引发消费者关注。因此，新品类的营销，往往采用"公关点火"的方式进行。

第五种，新团队。新品类的创建需建立新团队，新团队可以在相关人才集中的地方组建，也可以来源于竞争更充分、观念更领先、方法更成熟的高阶行业，以此实现降维打击，例如以手机领域的团队参与家电行业的竞争。

第六种，新供应链。新品类的供应链应适应新品类的自身需求，打破"协同效应"的惯性思维，打破既有供应链，以此提高新品类供应链适配度和经济性，提高新品类的成功概率。

第七种，新资本模式。企业需要为新品类构建新的资本模式，通过资本市场融更多的钱，以此来支撑新品类的后续发展，更好地把握住新品类的机会。2022年，在中国中高端电动汽车市场中领先的蔚来、理想、小鹏品牌亏损都超过20亿元，蔚来的亏损甚至达到了146亿元。唯有采用新的资本模式，通过在资本市场融资，造车新势力品牌们才得以弥补巨额的产品研发等投入，在电动汽车市场中继续存活下去。

真品类还是伪品类：新品类检验五问

为了提高品类创新的成功率，在确定了新品类的核心战略及关键配称后，还需对新品类的真伪及价值进行上市前的再次检验。新品类的检验主要包括五个关键问题。

第一，是不是真需求？问这个问题是为了检验消费者对新品类的需求是否真实存在，以及需求的稳定性、可持续性。新品类需要切中消费者的真实痛点，解决老品类不能解决的问题，从而激发消费者的消费需求。比方说，在欧美消费者心智中，植物奶跟牛奶不同，生产过程更环保，喝了之后人体的负担也更轻；但这些需求在中国消费者心智中并不存在，中国消费者更多地还在考虑乳制品的营养丰富程度（如追求蛋白质含量），并且认为牛奶是更有营养的乳制品。

第二，是不是真品类？问这个问题是为了确认新品类是否出自消费者心智和认知。"消费者以品类思考，用品牌表达"，企业应当在教育和传播后，让消费者形成相应的思考模式，从而影响和驱动潜在消费者的消费行为。例如，"白色家电"（white goods）就是一个基于行业术语形成的伪品类，消费者难以理解。无论企业投入多少资源进行教育、推广，消费者都难以形成购买一台白色家电的消费逻辑，他们只会说，我要买一台电冰箱……

第三，是否顺应趋势？提这个问题是为了检验新品类是否顺应社会发展趋势及人类观念发展趋势。趋势决定了品类的未来，顺应趋势、借力趋势能够极大地减少新品类的推广成本，帮助新品类乘风而起。

第四，心智是否有空缺？提这个问题是为了检验新品类在消费者心智中是否仍处于空缺状态。品牌可以通过消费者认知调研的方式对此进行确认，即提到一个品类，消费者能否说出一个公认的品牌。

第 3 章 定位的方法：抢占心智需要做对的五件事

第五，未来有多大？提这个问题是为了检验新品类未来的价值。新品类在起步期的规模通常不会太大，但未来的规模则直接决定了新品类的前景和价值。一个关键的判断方法就是参照核心竞争品类的市场规模容量和对它的替代性。例如，元气森林气泡水将可乐作为它的核心竞争品类，但是作为一种 0 糖、0 脂、0 卡的轻口味饮料，它很难完全替代像可乐这样具有一定上瘾性的重口味饮料，因此它未来也难以达到可乐的市场规模。

战略定位的重要配称工具

了解过定位的具体方法后,让我们回到前文提到的一个重要观念:"战略不是目标,而是一致性的营销方向……战略包含了一致性的营销活动。产品、定价、分销和广告——所有构成营销的活动都必须围绕既定的战术展开。"这段话的意思是,实行战略不能虎头蛇尾,需要从外到内、从上到下形成一致性,研发、产品、广告、公关、推广、渠道、市场等都要围绕定位展开,这就是"战略定位配称系统"。

第 3 章　定位的方法：抢占心智需要做对的五件事

战略定位配称系统包括新产品、新视觉、新渠道、新团队、新供应链、新资本模式等要素。打造新视觉，可以依赖视觉锤；打造新品牌，可以通过品牌名和公关实现。这也是随着 21 世纪传播环境的变化和科技手段的迭代，艾·里斯和劳拉·里斯进行完善的战略落地的关键环节。接下来让我们逐一了解视觉锤、品牌名和公关。

视觉锤

21 世纪是一个图像化的时代。杂志上的彩图越来越多，电视、电影与图像相伴而生，进入互联网时代，YouTube、抖音等视频平台更是迅速风靡全球。人类在视频化背景下，相较于文字，更喜欢看图像化信息。

这符合人类大脑认知的规律，即大脑处理图像更快。因为具象化的图像信息在进入大脑之后，可以直接呈现出影像，不必像文字信息一样，先触发大脑的检索功能，在与大脑的既有认知建立联系后，再由大脑进行处理反应。英国《每日邮报》刊登的一条报道说明，人类大脑识别一张图像仅需 13 毫秒。

同时，与语言信息相比，视觉信息更无法辩驳。人们往往相信他们看见的，怀疑他们听到的，"我亲眼所见"常常被用来证明一件事的真实性。此外，视觉还具备文字所没有的情感力量，而情感能够加深人类的记忆，让视觉信息在大脑中扎根更深。

定位是一个语言概念，植入定位就像敲一颗钉子，但在视觉时代，抢占消费者心智的最好方法并非只用"语言的钉子"，还要运用强有力的"视觉锤"。视觉形象就像锤子，可以更快、更有力地建立定位并引起消费者共鸣。视觉锤通常是指图像化的、能让消费者一眼记住的品牌的元素或信息。一个能够代表品牌的简单的形状、独特的颜色、个性的包装、与众不同的产品设计，甚至创始人等，都可以成为品牌的视觉锤。例如，代表肯德基的老爷爷，其原型就是创始人哈兰·山德士上校；说起麦当劳，人们则会想到那标志性的"金拱门"。

可能很多人会觉得，我的品牌有视觉锤，毕竟设计品牌商标（logo）是每一个品牌在起步时必做的功课。但这实际上是一个极大的误区，**大部分品牌有品牌商标，但没有视觉锤**。视觉锤和品牌商标有着本质上的差异。

第 3 章 定位的方法：抢占心智需要做对的五件事

首先，视觉锤需要具备差异性。在商业世界，更有效的不是更好，而是不同。定位是在消费者心智中找到品牌的与众不同之处，而差异化的视觉锤则能强化这种独特性，让消费者一眼看到并印象深刻。视觉锤能通过差异化的视觉信息，生动地传递出品类的核心特性，将定位这枚"语言的钉子"牢牢钉入消费者心智中。有研究发现，超过90%的品牌都有品牌商标，但只有不到1%的品牌具备视觉锤。

视觉锤成功运用的一个典型例子是科罗娜（见图3.4）。喜力曾经是美国销量第一名的进口啤酒品牌，是当时排名第二的品牌莫尔森（Molson）的两倍。后来墨西哥啤酒品牌科罗娜进入美国市场，它有一个重要洞察——"到墨西哥海滩度假的美国年轻人，喜欢在啤酒的瓶口处放一个小柠檬"，它利用这个洞察，把瓶口放置青柠片的形象作为墨西哥的象征。在进入美国市场后，科罗娜大获成功，在1997年超越当时进口啤酒的第一品牌喜力。

图 3.4　科罗娜的视觉锤

其次，视觉锤具备具象化特征。品牌商标往往试图传递品牌抽象的价值理念，如"爱""忠诚"，使品牌陷入概念化、宽泛化的陷阱，结果是消费者难以理解，也难以记忆。而视觉锤则能将品牌最重要的特性，通过视觉的、具象化的方式表达出来，它简单、直观、便于消费者理解和记忆，能让品牌定位更加顺利地进入消费者心智。例如，马球运动从诞生第一天起就被当作一种贵族运动，拉夫劳伦（Ralph Lauren）就通过马球运动员的形象来传达品牌的高档特征。如今，拉夫劳伦是全球最大的服装品牌之一，它在 2023 年的营收达到了 64.4 亿美元，在全球服装品牌中位居前列。

最后，视觉锤也需能够寓意品类、传递定位，并且易于记忆。品牌商标大多数时候只是让人难以理解的一个视觉符号，甚至有些品牌商标连替代品牌名都做不到。哪吒和岚图都是中国新能源汽车品牌，看看下面的两个品牌商标，你能认出哪个是哪吒，哪个是岚图吗（见图3.5）？

图3.5 哪吒与岚图的品牌商标

品牌名

在市场竞争极度激烈的情况下，品牌名的重要性越发凸显，已成为企业重要的资产之一。品牌名是品牌与心智的第一触点。品牌名和消费者心智端口接触，与消费者记忆、选择品牌有强烈的关联。最成功的品牌命名能成功进入心智并成为某一品类或某一特性的指代性专有名词。定位式品牌命名是从定位理论出发，吻合消费者认知规律，高度匹配企业战略定位的高级品牌命名方式。一个好的品牌名，能够提升传播效率，节约营销成本，高效地在消费者心智中植入新品类的相关特性，帮助品牌在市场竞争中脱颖而出。

一个好的品牌名通常需要具备以下特征。

第一，简洁、易传播。心智排斥复杂，简洁、易传播的品牌名能够提高传播效率，节约品牌的营销成本，帮助品牌快速进入消费者心智。例如，滴滴，只有一个字被重复使用。

第二，独特。独特的核心是差异化，尤其是在新生的品类里的新品牌，一定要敢于与行业惯常的做法拉开距离。它需要是在某一品类中不经常使用的名字，能够和其他品牌形成显著区隔，让消费者印象深刻，从而帮助品牌脱颖而出。例如，阿里巴巴"动物园"里有盒马、闲鱼、蚂蚁等品牌，这在互联网圈是非常独树一帜的做法。

但在现实中，很多企业的品牌名通常没有独特性。在和互联网相关的行业里，有一批企业偏爱"e"这个字母，产生了e换电、e成科技、e代理、e袋洗、e代驾等诸多品牌。同时，也有一批互联网企业偏爱"云",比如:博云、智云、云从、云知声、云账房、七牛云、华云、寄云……这些姓e的和云字辈的品牌,都不是小品牌,而是如今叱咤互联网行业的新兴品牌,但在未来的发展过程中,它们或将面临识别困难和差异性弱的问题,如果不改名,这些问题就将始终相伴,这将或多或少地影响品牌发展——太容易被埋没在一大堆类似的名字之中。

第三,有画面感。通常来说,有画面感的名字令人印象深刻,通常动物、植物、人物都属于容易产生画面感的名字。例如,阿里巴巴"动物园"中的天猫、盒马、蚂蚁、飞猪等,无不具有丰富的画面感。

人类存在"顾名思义"的心理现象,见到新词,会去按照已有的知识去理解。所以消费者看到一个新的品牌名字,会自动去解读名字里字、音、形所传达的含义。从三个经典的汽车品牌——宝马、悍马、野马——的命名,就可以看出消费者这种"顾名思义"心理现象的力量。宝马,中文翻译源自"汗血宝马",这个词根植中国传统文化上千年,它的力量持久而强大,彰显了宝马享誉世界的豪华汽车品牌这一定位;悍马,中文名中的"悍"字,被中国人理解为"彪悍",意为勇猛,符合悍马是扬名世界的越野车品牌这一定位；野马狂野奔放、个性张扬，符合野马张扬个性的年轻化跑车的定位。

这种"顾名思义"的心理现象是企业所无法左右的，企业只能借势而为。"锤子"这一品牌名，本身想突出"工匠精神"（锤子的英文品牌名Smartisan，意为智能手机时代的工匠），但锤子手机刚被推出市场，就有网友调侃——"锤子"手机一定如诺基亚般抗摔抗砸，可以用来砸核桃。最终，锤子还是消亡了。

第四，能够寓意品类属性或特点。有效的品牌名能够借助消费者已有认知，传递品类特性，将品牌与品类绑定，从而减少传播阻力。有效的品牌名，可以直接影响消费者心理，从而左右消费者选择购物对象时的判断和情感。能够让消费者联想到"高品质""高级别"的品牌命名，通常会对消费者的购买行为产生更为直接和有效的影响。比如：××王牌、××金牌、××王、××甄选。"费大厨"作为一个连锁餐饮品牌的名字，会让消费者联想到"大厨"，进而认为其菜品更好吃、更美味。"今日头条"也有这样的效果，其名字向大众传达出，如果只看重要新闻，看今日的头条就够了。"一点资讯""界面""ZAKER""即刻"跟"今日头条"对比，在名字上显然是输了。

公关

定位传播的核心课题,不仅仅是让消费者关注并记住定位,还要在一次次传播过程中让消费者相信定位。那如何进一步推广和传播定位呢?形象的说法是,"公关点火,广告浇油"。

什么是公关?在艾·里斯所著的《广告的没落,公关的崛起》一书中,他将公关定义为,通过第三方主体进行中立、客观的发声,第三方主体通常包括媒体、第三方组织、中立顾客等。

广告与公关不同。广告通常在某一时间段内通过高频次、大规模的推送,将信息传递给更多人,试图利用滑稽的、娱乐性的画面吸引消费者的注意。但广告"海陆空全方位作战"将信息强制传递给消费者的做法,极易引发消费者不满;同时,缺乏可信度的信息,也难以真正进入消费者心智,即使耗资巨大,一旦广告停止,消费者仍旧什么也记不住。

公关则具有更高的可信度,能帮助新品牌快速建立认知。公关必须抓住新品类、新品牌的不同之处,通过创意性的方式,借助第三方媒体加以报道,从而传递品牌的关键信息。公关的重点在于媒体的可信度和传播的质量，它利用第三方高势能媒体为信息的可信度背书，从而让消费者真正相信且主动接纳新品牌，成功占据消费者心智。它的传播方式类似太阳的发光方式。

进行定位传播的最佳做法就是，通过公关建立可信度，通过广告维持热度。这跟市面上流行的做法很不一样，流行的做法是：品牌一推出，就尽可能投放广告；在品牌发展的不同阶段，只是广告投放量级有所差异罢了。而实际上，这样的做法不仅浪费资源，而且经常失效。品牌刚推出的时候，比起知名度，更需要信任度，因为消费者对尝试新品牌往往存在不安全感。而这个时候，投放广告又很难解决信任度的问题，因为广告往往被当作自卖自夸。公关往往是从中立客观的第三方口中说出的，新品牌的信任度就更容易建立。所以，公关更适合起步期的品牌，能帮助新品牌建立可信度。当可信度基本确立，需要提醒消费者进行更多消费，这时候才需要发挥广告的效用。

因此，在品牌建立初期，可以通过高可信度和话题性的公关事件，在引发流量、吸引消费者目光的基础上，让消费者能够接受、信任新品类，从而让新品牌依托于新品类的发展快速"起势"，帮助品牌快速建立认知，站稳脚跟。

第 3 章 定位的方法：抢占心智需要做对的五件事

而广告的作用在于，在公关建立起品牌后维护品牌。在早期的口碑形成后，广告可以用于传播本身就具有可信度的内容，提醒和强化消费者认知，在推动新品类快速"出圈"的同时，进一步加深新品类与新品牌的绑定，持续维持新品牌的热度和关注度，让新品牌得以在消费者心智中成为新品类的代表，最大限度地享受新品类发展的红利。

而市面上的品牌传播，大多数还只停留在用广告创意引发注意并让消费者记住的阶段，和让消费者相信还有较大的距离，公关这一蕴含巨大潜力的工具并未得到充分运用。而只有真正具有可信度的信息，才能真正进入潜在消费者的心智，最终对消费行为产生正向影响，为品牌带来销量和势能上的加持。

第 4 章

案例详解：
里斯定位理论造就的企业和品牌

跟很多理论不同,定位是一门实践的科学,它不是诞生于学院,而是来源于实践。恰恰是在实践中,人们才能真正看到定位理论的影响力,看到定位理论对不同行业、不同营收规模、不同发展阶段的企业的适用性;也恰恰是在实践中,定位理论才能持续迭代,解决企业在不同时代所遇到的问题。

定位理论在美国有着丰富的实践,通用、宝洁、西南航空等企业在从小到大的发展过程中,都曾受益于定位理论。尤为传奇的是棒约翰,定位理论帮助棒约翰在被必胜客一统美国比萨市场的局面中,从一个寂寂无闻的小企业,成长为美国第三大比萨公司,其店铺也成为美国单店盈利最丰厚的比萨店。

说起定位理论在中国的实践,不得不说的是车企长城。长城从 2008 年的 80 亿元年营收到今天的 1000 多亿元年营收,其发展核心的战略动力就来自聚焦品类创新,长城打造哈弗、坦克等品牌,这被业内公认为中国定位第一案例。除了汽车,定位理论在家电、建材、快消等行业也都有很多经典的案例,如帮助老板实现了竞争翻盘,也帮助大角鹿实现了销量倍增,成为"中国瓷砖增长王",还帮助简醇在下滑的赛道开创了高速增长的新品类。除了 C 端行业,定位理论在 B 端行业也展现了极强的适用性,如帮助民族缝纫机品牌杰克超越国际品牌,成为全球第一。

棒约翰：
发现品类空缺，痛击行业领导者

棒约翰如今已经是全球最成功的比萨连锁品牌之一。说到棒约翰，全球各地的人们都会想到"更好的馅料，更好的比萨"这句经典的广告语。但这句话不仅仅是一句广告语，实际上凝结着棒约翰挑战必胜客、改变美国比萨竞争格局的一整套战略，甚至《华尔街日报》都曾经报道过棒约翰在市场上以小击大、包抄必胜客的奇迹，并感慨："谁说小人物不能打败大人物？"那么，到底是怎样的战略,能让棒约翰从一家吧台后的小店,成长为增速最快、盈利最丰厚的美国第三大比萨公司呢?

棒约翰成立时,必胜客诞生已有 30 余年,是已经拥有超过 6000 余家全球连锁店的上市公司。必胜客多年来始终是美国比萨行业规模最大的企业,无人能撼动其在美国比萨界的市场地位。面对如此强大的竞争对手,刚起步的棒约翰毫无头绪。和这个行业里的绝大多数品牌一样,棒约翰起初没有任何经营重点——规模很小,但产品很多,主食、主菜、配菜全面开花。并且每个类目下又包含完全不同的产品:光是主食类目下就有比萨、潜水艇汉堡、三明治、牛排四个品类;配菜类目下更是琳琅满目,不仅有炸南瓜,还有炸蘑菇、色拉、洋葱圈等多个SKU(stock keeping unit,最小存货单位)。但产品过多并没有带来品牌的增长,因为过多的产品不仅会让消费者因为选择过多而陷入犹豫甚至放弃购买,还会令消费者搞不清楚棒约翰到底是主打什么的,更不会有消费者因为一道招牌菜而想起棒约翰。

棒约翰发展历程中的转折点,来自由艾·里斯所提供的两个关键战略决策。第一个关键战略决策是,打造"更高级的比萨",对立领导者必胜客。面对强大的竞争对手,如何取得竞争优势？答案是必须要找到竞争对手强势背后的弱势。作为比萨第一品牌的必胜客，为了让尽可能多的消费者消费得起，不得不控制价格，也控制原料的品质，这就成了棒约翰的发力点。比如必胜客用浓缩的沙司，棒约翰直接采用更自然、更新鲜的番茄现制沙司；必胜客采用混合干酪，棒约翰用更原汁原味的意大利干酪；必胜客用冷冻面粉，棒约翰用新鲜面粉；必胜客用自来水，棒约翰用更为健康的纯净水；等等。

这样一个复杂而奢侈的制作流程，实际上可以用一个"定位"来统领，那就是——"更高级的比萨"。"更高级的比萨"有力地攻击了必胜客，暗指必胜客并非高级的比萨，相反，是普通的比萨，从而站在了必胜客的对立面。棒约翰用这种方式简洁直白地告诉广大消费者，如果你不想吃普通的比萨，那就来尝尝棒约翰吧，棒约翰能为你提供用更好的馅料制作的更高级的比萨。

当然，定位战略从来不是一句简单的话。棒约翰的第二个关键的战略决策让这个绝佳定位真正发挥了自己的战略效力。一改先前"杂货店式"的品类布局思路，棒约翰基于定位进行了极致的聚焦：它将其他的食品舍弃，在战略高度上将所有资源集中在高级比萨上,并以此为尖刀,刺向市场的领导品牌必胜客。聚焦使得棒约翰不仅专业化地提升产品质量,更使消费者心智中对棒约翰的品牌形象日益清晰。更高级的比萨,就像一个钩子一样,成为消费者吃棒约翰的触发点。

基于极具进攻性的定位与极致的聚焦,棒约翰还通过"公关点火",进一步放大了定位的价值。它充分利用了棒约翰创始人施耐德曾经是必胜客创始人的故事,让创始人亲自出面站台,在广告上说自己跳槽离开必胜客是因为发明了一种"更好的比萨",而"更好的比萨"就在自己新创建的棒约翰。创始人的露面不仅增加了定位的可信度,更加深了与必胜客的竞争对手关系,这让必胜客非常愤怒。必胜客迅速就棒约翰的宣传口号向美国自律商业促进组织(BBA National Programs)的国家广告部(National Advertising Division)进行投诉,并以棒约翰在电视广告、推广活动、纸媒广告中传播虚假信息为由将其告上法庭。必胜客的反应,不仅没有阻止棒约翰的发展,反而引发了媒体铺天盖地的传播,棒约翰声名鹊起,"更高级的比萨"也因此而变得广为人知。

新战略推出不久便使得棒约翰的销售额增速比行业平均水平

快了1倍以上，利润上升了66%，股票价格也翻了4倍，棒约翰迅速抢夺了比萨领导者必胜客的市场份额，威力相当惊人。同时，定位与聚焦的威力也随着时间被不断放大，如今"更好的馅料，更好的比萨"几乎成了流行语，不仅使棒约翰一跃成为美国第三大比萨公司，更是发展最快、单店盈利最丰厚的比萨连锁店。

哈弗：
聚焦趋势品类，把握"现在小，未来大"的机会

今天的长城已经成为中国汽车企业龙头，但将时钟拨回到 2007 年，彼时的长城不过是中国本土汽车企业中并不起眼的一家落后车企，年销量不足 13 万辆，在中国汽车企业里排名倒数第二（见表 4.1）。更糟糕的是，为摆脱增长困境，改变落后现状，实现成为主流车企的目标，长城投资了数十亿元进入轿车市场，并开发了 MPV 产品。然而，出击更多品类并未给长城带来

预期的销量,被寄予厚望的轿车车型"精灵"上市后销量爆冷,月销量仅200辆。低于市场预期的中期业绩报告一经发布,长城H股股价一路下滑,一度跌至1.1港元每股。在经营业绩和资本市场的双重高压下,长城迎来了成立以来的至暗时刻。

表4.1 2007年中国汽车企业排行榜(部分)[1]

位次	汽车公司	总部所在地	2008年产量/万量	2007年产量/万量	增长率/%
21	富士重工	日本	61.6	58.5	5.40
22	五十铃	日本	53.9	53.2	1.30
23	长安	中国	53.1	54.4	-2.40
24	东风	中国	48.9	43.7	12
25	北汽	中国	44.7	45.4	-1.60
26	奇瑞	中国	35.1	42.8	-18.10
27	上汽	中国	28.2	31.3	-9.90
28	沃尔沃商用车	瑞典	24.9	23.6	5.50
29	华晨	中国	24.2	29.4	-17.80
30	哈飞	中国	22.7	23.1	-1.80
31	吉利	中国	22.1	21.7	1.80
32	江淮	中国	20.8	21	-1.10
33	比亚迪	中国	19.3	10	93

---

1 数据来源于中国汽车流通协会汽车市场研究分会。因表中产量数据是四舍五入修约后的结果,故用表中的产量数据或无法求得表中的增长率数据。——编注

续表

位次	汽车公司	总部所在地	2008年产量/万量	2007年产量/万量	增长率/%
34	嘎斯	俄罗斯	18.7	24.9	-24.90
35	马亨德拉	印度	16.3	16.9	-3.70
36	宝腾	马来西亚	15.7	—	—
37	长城	中国	13.0	12.3	5.40
38	帕卡	美国	12.5	12.7	-1.50
39	力帆	中国	12.3	—	—
40	曼恩	德国	10.8	9.8	10.30

如何帮助长城走出绝境，重回发展正轨呢？里斯战略咨询的观点是，在运用定位方法之前，最关键的是还需找到长城多年来发展受阻的根源，只有如此才能对症下药。当时的长城，年营收不足80亿元，却同时经营皮卡、轿车、SUV、MPV等多个品类，拥有迪尔、赛铃、赛酷、风骏、哈弗、精灵、炫丽、酷熊、嘉誉9个品牌。除了迪尔在国内经济型皮卡市场中处于领先，其余品牌都未在品类中处于"数一数二"的位置。长城属于典型的"灌木"企业——尽管拥有众多品类，但在各个品类中都难以建立强大的主导地位，这不仅没法帮助企业在市场竞争中胜出，更因为资源分散，企业在每一块业务上都没法做精做深，这反过来又限制了企业的市场表现和消费者认可。

第 4 章 案例详解：里斯定位理论造就的企业和品牌 / 209

解决问题的关键在于，找到对长城而言真正有潜力、可以凭借品类增长带动品牌增长的重大机会。真正的机会，就藏在消费者的心智和汽车市场的发展规律中。里斯战略咨询在对中国汽车消费者的研究中发现，车型是消费者认知和区分汽车产品最为重要的标准之一（见图 4.1）。大量潜在消费者在买车前不仅会限定预算，还会考虑是买轿车、SUV 还是 MPV 等某一具体车型。车型这一品类标准与主流车企的通行做法有明显差异，它更加聚

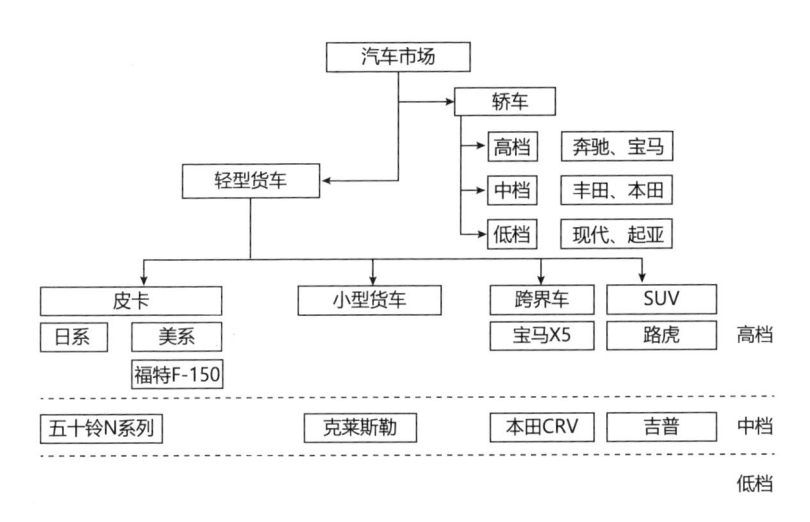

图 4.1　汽车行业品类分化图[1]

1　图中部分品牌未标注具体车型的原因是，这些品牌本就聚焦该品类，旗下有大量车型归属该品类；而另一些品牌则并未聚焦该品类，只生产了少量归属该品类的车型，故在此注明相关车型。同时，本图更符合美国市场的基本认知，或与中国市场的基本认知有些微区别，如福特F-150属于高档车型，而五十铃N系列属于中档车型。——编注

焦，更加符合潜在消费者的心智模式，因此具备极高的战略价值。长城由此确定了立足"车型"而非"价格"来打造品类品牌的思路。

在长城布局的所有品类中，皮卡品类应该被首先排除。尽管长城在皮卡品类拥有国内领先的地位，有"皮卡之王"的美誉，但从全球看，皮卡品类容量有限，主要市场集中在美国等少数国家，产品需求差异大，品类壁垒高，而且增长缓慢。国内由于一、二线城市皮卡限行，皮卡的国内市场容量小，同样增长缓慢，年销量长期徘徊在30万辆左右。显然聚焦皮卡品类无法支撑企业的长远发展。

皮卡品类过于小众，但轿车无论是在国内还是在全球都属主流品类，在国内一度占据乘用车的70%甚至更高的份额，进入轿车市场成为汽车企业的潮流。那么，聚焦轿车品类能否帮助长城破局呢？

对非市场领导者而言，其战略往往由领导者决定。从竞争角度评估，长城几乎毫无机会：合资品牌主导了轿车市场，自主车企鲜有进入前10强的。而在自主阵营中，吉利、奇瑞、比亚迪

第4章 案例详解：里斯定位理论造就的企业和品牌

等对手已占据先发优势，这意味着长城即使进入轿车品类，也难以建立起领导性品牌。综合来看，轿车属于保有量大、未来增长慢、缺乏战略机会的品类。因此对长城而言，最佳选择是站在"潮流的对立面"：放弃轿车，开辟新的战场。

从消费者认知来看，与体现"面子"的轿车对立的，正是体现"实用性"的SUV。然而，2008年，SUV品类在中国乘用车市场的占比仅为5%，在某种意义上，长城聚焦战略的最大价值以及最大难点都在于此。

从品类发展的趋势上看，回顾欧美市场上SUV品类的发展历程，我们发现初期以SUV为代表的多功能型汽车在乘用车中仅仅占据很小的比例。例如，在1990年以前，美国的多功能车与轿车的比例仅仅为5∶95；但在2008年金融危机前夕，二者的比例达到了1∶1。也就是说，从品类发展的角度看，SUV前景广阔。特别是，中国是汽车大国，中国的汽车消费者跟美国的汽车消费者一样也喜欢买大车，喜欢坐得更高。而从现有市场的角度看，SUV在中国的市场极其有限。

中美两国的汽车消费者特征最为类似，在研究美国汽车市场近百年品类发展历程后，里斯战略咨询发现，SUV属于竞争对手少、既有市场小、未来增长潜力巨大的品类，长城应全力把握15万元以下的经济型SUV品类，聚焦打造哈弗品牌，将其打造成企业主干，进而在市场上主导SUV品类。

确定了战略方向后，就需要进一步构建经济型SUV的新品类设计4N模型，形成可实施、可推进的战略规划（见图4.2）。

- 哈弗开创了"经济型SUV"新品类
- "经济型SUV"领导者

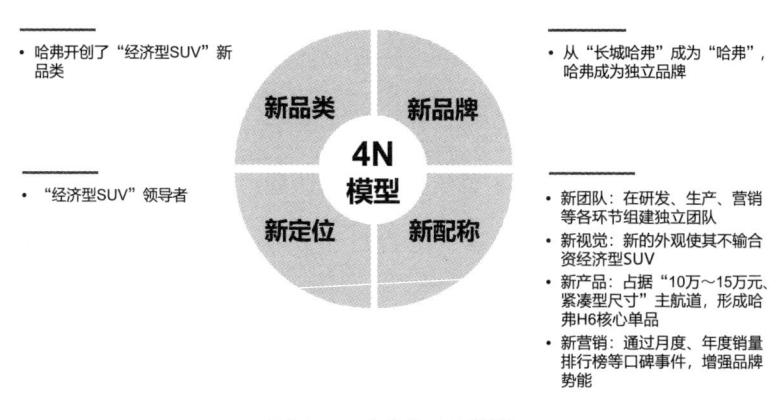

（新品类 / 新品牌 / 新定位 / 新配称 —— 4N模型）

- 从"长城哈弗"成为"哈弗"，哈弗成为独立品牌
- 新团队：在研发、生产、营销等各环节组建独立团队
- 新视觉：新的外观使其不输合资经济型SUV
- 新产品：占据"10万~15万元、紧凑型尺寸"主航道，形成哈弗H6核心单品
- 新营销：通过月度、年度销量排行榜等口碑事件，增强品牌势能

图 4.2 哈弗的 4N 模型

首先，基于心智洞察，确立了长城集中资源、全力聚焦"经济型SUV"新品类的战略。

其次，通过一线市场走访和数据研究发现，与竞争对手相比，"保有量大"是哈弗最大的优势。于是，里斯战略咨询建议哈弗发挥保有量大的优势，并把这个优势作为"经济型SUV领导者"这一定位的事实支撑，这就成了哈弗走向中国"SUV领导者"的第一步。

再次，推动哈弗品牌独立。2013年，长城宣布将哈弗由车型独立为品牌，由"长城哈弗"变为"哈弗"。哈弗成为继吉普、路虎之后，全球第三个专业SUV品牌。

最后，在配称方面启动了一系列活动。

全新视觉和全新团队：哈弗启用全新视觉，从研发到生产、营销等各环节，都专门组建团队来负责，并在独立的4S店销售。

打造经济型SUV明星车型：经济型SUV品类的主航道是10万～15万元、紧凑型车型，长城在这个主航道内开发具有显著竞争力的产品，开发了一系列在配置、性能、颜值上匹敌甚至超越合资经济型SUV的产品，如哈弗H6和H2两个明星单品。

特别是哈弗H6，以其出色的产品力、激进的产品迭代速度，成为"国民神车"。

用公关把"经济型SUV领导者"的定位植入心智：哈弗在品牌打造的过程中，起初并没有大量投放广告，而是采用了"公关建立品牌"的策略。一方面，哈弗迅速取得SUV销量排行榜第一的位置，把销量第一做成了月度、年度的里程碑事件，这对消费者而言无疑是非常有说服力的，"最多人买的自然是最好的"；另一方面，哈弗参加了达喀尔拉力赛等赛事，这给它增强了品质和性能的背书。

为了保障哈弗的成功，长城内部还做了非常多的工作。例如，为了跟合资经济型SUV竞争，哈弗建立了全球化的供应链体系，采用具有全球竞争力的配件；开展了"决胜终端"的服务品质提升活动，提升了销售人员的专业性，塑造了全国统一的销售标准。这些都是哈弗成功背后的重要举措。

依托新品类设计4N模型，哈弗在消费者认知中具备了优势，迅速占据了消费者心智中经济型SUV品类的空缺，成为心智中的品类代表。截至2021年11月，哈弗H6已连续100个月获得

SUV销量冠军，哈弗的全球累计销量突破700万辆，遥遥领先于中国市场其他SUV品牌。哈弗的成功也推动长城实现了从80亿元到1000亿元的年营收增长。

坦克：
局部大于整体，主动分化老品类，颠覆传统市场

坦克新品类战略思考的起点，来源于里斯战略咨询团队和长城思考的一个问题：当全球几乎所有的汽车企业都开发新能源汽车，新能源汽车无法或者很难颠覆的究竟是什么品类？答案是越野SUV。

一直以来，越野SUV是行业公认的小众品类，不属于汽车的主流市场。2020年中国非承载式SUV[1]销量规模仅8.7万辆，2017—2020年复合增长率为–18.3%，多年以来市场规模持续萎缩。但研究发现，在美国、加拿大、澳大利亚、俄罗斯等市场，越野SUV份额均远高于中国。参考美国市场，中国市场越野SUV品类至少具备5倍以上成长空间，预计规模上限可达100万辆。尤为重要的是，其他的车型（如轿车、城市SUV、MPV）都会在可见的周期内完成电动化替代。但越野SUV因为在户外驾驶，充电补能在很长一段时间内都会是个难题，而且越野SUV的安全性要求更高，电池安全始终面临挑战。因此，在电动化大趋势下，越野SUV在很长一段时间内都会是电动车难以颠覆的市场。

既然越野SUV市场存在巨大空间，那么，如何把握住这个机会，把品类做大并占据最大的市场份额呢？这就得回到消费者心智，回答"是什么限制了中国越野SUV市场？"这一关键问题。在过往的消费者印象中，常规硬派越野SUV通常风格极其强烈、个性突出，能够满足人们野外跋山涉水的多样化驾驶场景需求，但与之相伴的是体积庞大、做工粗糙、舒适性差、不容易驾驶操

---

1 越野SUV和城市SUV不同，通常采用非承载式车身。——笔者注

控等一系列负面认知。事实上，中国消费者日常面临的绝大部分驾车场景还是城市出行，在交通拥堵、道路狭小的城市中行驶，对舒适性和驾驶便利性都提出了很高的要求。因此，为专业越野场景而生的常规硬派越野SUV，就陷入了驾驶场景过于小众、无法满足消费者城市通行需求的困境，让大部分消费者"心生向往"但"望而却步"。而专门针对城市通勤场景设计的城市SUV，越野性能又偏薄弱，无法满足消费者偶然想要"狂野一把"的需求。

由此，在常规硬派越野SUV和城市舒适SUV之间存在着需求和心智的双重空缺，如下图所示，也就是"时尚、舒适、智能"的SUV品类的空缺。针对这一空缺，里斯战略咨询建议长城推出坦克品牌，从越野SUV大品类中分化出潮玩越野SUV新品类，填补这一心智空缺（见图4.3）。

第 4 章 案例详解：里斯定位理论造就的企业和品牌 / 219

硬派越野SUV：
机械化、做工粗糙、
舒适性差

时尚
舒适
智能

舒适城市SUV：
越野性能弱、
大众化

图 4.3　常规硬派越野SUV和舒适城市SUV之间的心智空缺

找到这一空缺之后，就可以打造新品类设计4N模型了（见图4.4）。

新品类
- 坦克开创"潮玩越野SUV"新品类
- 时尚、舒适、智能，兼具越野性能和可玩性

新品牌
- 从长城高端SUV品牌Wey中独立出来，使用新品牌名"坦克"，并使用全新的T形车标

新定位
- 潮玩越野SUV的开创者与领导者

新配称
- 新产品：采用非承载式车身，确保越野SUV的纯正"血统"；时尚外观设计；领先智能配置抓住外资品牌空档，以20万元起步
- 新渠道：线上预售，线下支付
- 新营销：结合品类"外形硬派、内饰舒适"的特点，传播"铁汉柔情"的情感主张

图 4.4　坦克的4N模型

这个新品类需要有时尚的硬派造型,性能层面在保留越野SUV非承载式车身的基础上,不仅支持消费者偶尔去越野,也能满足消费者在城市出行时对舒适和智能科技的要求。综合产品需求,这个新品类需要时尚、舒适、智能,在兼具越野性能的同时,可玩性也很强。这样的一个新品类,就被定义为"潮玩越野SUV"新品类。跟普通的城市SUV比,它最大的不同是"越野";跟传统的越野SUV比,它最大的不同是"潮玩"——既是外形上的时尚新潮,也是功能配置上的新潮和智能化。

在新品牌方面,原本的规划是把"坦克"作为长城豪华SUV品牌"WEY"的一个产品系列推出,但考虑到它所开创的新品类潜力巨大,长城就把坦克从"WEY坦克"改为"坦克",使之成为一个独立的新品牌,并使用全新的T形车标。

在新定位方面,作为品类开创者,坦克天生具有"潮玩越野SUV的开创者与领导者"的信任状。这是进行品类创新、打造新的独立品牌的巨大好处。试想,如果不是开创了潮玩越野SUV新品类,而只是推出了带有智能化配置的越野SUV,那么消费者还是会以越野SUV固有的品牌排序看待坦克,即排名靠后的、新入局的、缺乏技术沉淀的新品牌。开创了潮玩越野SUV新品类

第 4 章 案例详解：里斯定位理论造就的企业和品牌

之后，消费者在选择越野SUV时就会想："到底是选择传统越野SUV，还是选择潮玩越野SUV？"如果选择潮玩越野SUV，那么坦克就是首选了，因为它是这个车型类别的开创者和领导者。

在配称方面，坦克进行了全新的设计。

产品上：采用非承载式车身，因为只有这样才能确保坦克拥有越野SUV的纯正"血统"；外观必须时尚；必须配备智能化配置，降低操控难度，便于在城市中使用；抓住合资品牌的空档，以20万元的价格起步，这是国产车首次成功突破原有常规价格段（之所以锚定在20万元，是因为国产车一直以来具有竞争力的价位就是在20万元以内，坦克首次成功突破了上限）。

渠道上：打破传统，采用坦克App作为唯一的预售渠道，通过线下渠道的体验和交付，保障不同渠道价格的统一。

营销上：同样是在初期通过公关建立品牌认知，坦克充分利用新品类的热点制造话题传播。例如，在坦克的首款车型——坦克300开放日的活动中，坦克找来真正的ZTZ-59D中型坦克与坦克300就越野性能进行对比，引起互联网热议。

品类创新为坦克带来了极大成功，首款产品坦克 300 上市不到 1 个月就取得了 1 万多辆的订单，超过越野 SUV 曾经的代表车型——牧马人一年的销量，实现了起步就是品类领导者的奇迹。2021 年 11 月，售价 35 万元的坦克 500 开启预售不到两个月，订单超 4 万辆，使坦克超过特斯拉成了 2021 年中国市场最火爆的汽车品牌，带动 2021 年中国非承载式 SUV 市场规模超过 14.4 万辆，实现 64.5% 的超高速增长，以一己之力撑起了整个中国越野 SUV 市场。之后，坦克连续 7 个月销量破万辆，在中国越野 SUV 品类中的市场份额超过 70%。从趋势来看，它有望成为长城继哈弗之后又一个千亿级的品牌。

老板：
抢先定位品类第一特性，实现竞争翻盘

老板成立于1979年（前身是余杭县博陆红星五金厂），多年以来一直深耕厨电行业，与方太竞争胶着，二者之间销量难分伯仲。2011年，方太启动全新定位"中国高端厨电专家与领导者"，在销量上获得小幅领先，打破了原有平衡，老板在竞争中逐渐落于下风，面临着沦为行业第二的巨大风险（见图4.5）。

针对不利局面，老板试图通过情感营销作为回击，开始大力传播"有爱的饭"，强化品牌的情感标签，塑造温馨、有爱的品牌形象，希望通过打造让消费者喜欢的品牌赶上对手。但这次品牌升级却使老板付出了不小的代价。"有爱的饭"是一句在家电行业放之四海而皆准的"空话"，缺乏差异性，无法传递出老板的独特价值，更难以影响消费者的实际购买选择。品牌升级之后，老板的市场份额持续落后于竞争对手方太。

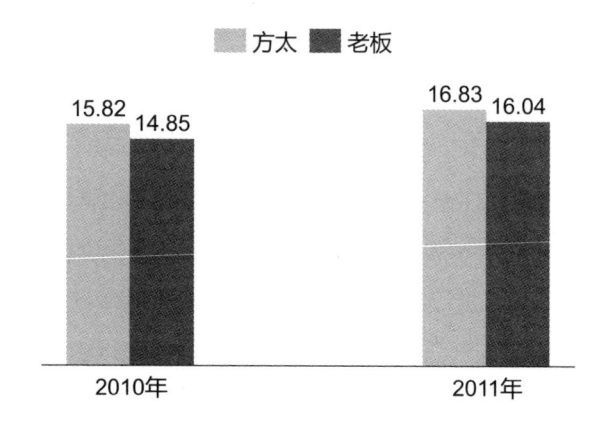

图 4.5　2010—2011 年，两个品牌油烟机市场占有率对比 /%

面对巨大的竞争压力，2012年，老板在定位理论的指引下，开启了战略调整。老板战略调整的第一步在于厘清品类。品类是隐藏在品牌背后的关键力量，也是影响消费者购买选择的根本力量。过去，以方太为代表的行业玩家，均将"厨电"作为自己的核心品类，然而"厨电"是能影响消费者决策的真品类吗？答案是否定的。通过研究中国厨电消费者的消费逻辑和行为，我们可以发现，没有消费者会说"我要去买厨房电器"，通常他们会说"我要买一台油烟机/烤箱/蒸箱/微波炉……""厨电"其实是一个在行业中流行而消费者觉得陌生的伪品类，消费者熟悉的是厨电中的细分品类。而在这些细分品类中，油烟机是厨电中的入口品类，也是最重要的品类。消费者通常会率先购买油烟机，进而购买配套的灶具、消毒柜、洗碗机、蒸箱、烤箱，等等。因此，老板最终选择了以油烟机作为品牌的主干品类，并在传播上绑定油烟机品类，以"老板油烟机"代替"老板电器"或"老板厨电"。

在聚焦主干品类油烟机后，老板需要解决的第二个问题是：如何进行品牌定位，使自己成为消费者的购买首选。定位的确定需要首先回归消费者心智，消费者在购买油烟机时最关注的因素是什么？经过研究发现，大部分消费者最关注的是吸排效果。而

"大吸力"是吸排效果突出的通俗表达这一认知，在 2008 年时并没有被其他品牌占据。同时，凑巧的是，老板在 2008 年推出了国内首台 17 立方米/分钟风量的油烟机，在大风量油烟机市场中占据六成以上的份额；且经过多年的发展积淀，"吸力大"已经成为品牌的重要口碑之一，只是这个口碑仅局限于部分消费者口中，尚未被打造成具有广泛认知的品牌标签。因此，老板最终确定新的品牌定位为"大吸力油烟机"（见图 4.6）。

图 4.6　老板品牌定位的前后对比

在明确了品类及定位后，老板进一步构建了一整套完善的配称体系，包括全面停产小吸力产品，以"大吸力"为指引进行产品的深入研发和迭代。尤为重要的是，终端门店设计了专门的吸力实验，即用油烟机吸附木板，让消费者体验老板油烟机的吸力非同凡响，从而更加生动形象地表现老板大吸力油烟机的定位，老板由此成功建立品牌认知。具体可以参照图 4.7。

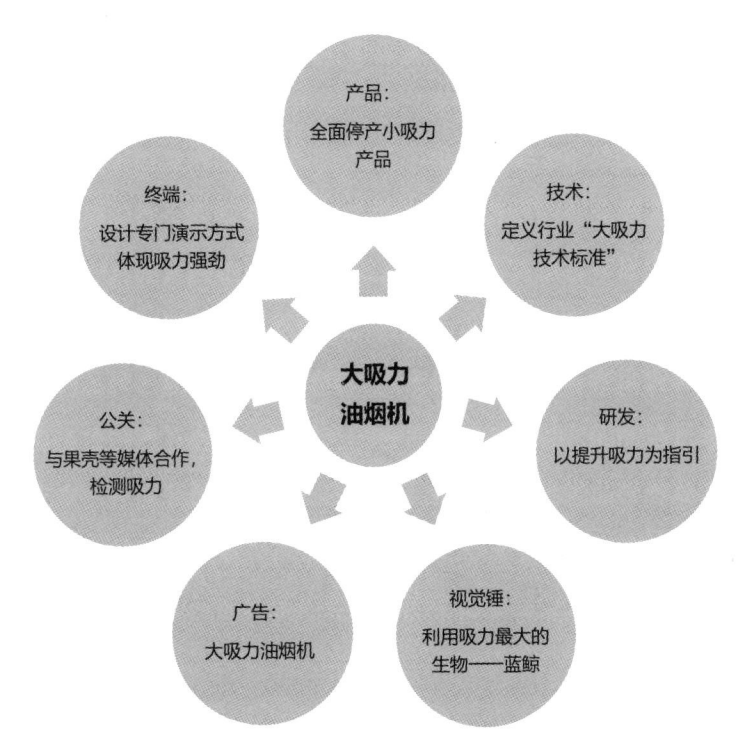

第 4 章 案例详解：里斯定位理论造就的企业和品牌 / 227

```
                    产品：
                  全面停产小吸力
                     产品
      终端：                        技术：
   设计专门演示方式                  定义行业"大吸力
    体现吸力强劲                     技术标准"

                    大吸力
                    油烟机
      公关：                        研发：
    与果壳等媒体合作，              以提升吸力为指引
     检测吸力

         广告：              视觉锤：
       大吸力油烟机         利用吸力最大的
                            生物——蓝鲸
```

图 4.7　老板"大吸力油烟机"战略配称

采用新战略后，老板迅速反超方太，成为中国油烟机的老大（见图 4.8）。2015 年，老板油烟机销量突破 200 万台，从此开始连续 7 年保持全球第一。老板在油烟机品类上的影响力，也带动了燃气灶、消毒柜、洗碗机等品类的销售。2013 年，老板在燃气灶的销售额和销售量上同时超越华帝，成为国内第一；

2014年，老板在消毒柜的销售额和销售量上超越康宝，成为国内第一。

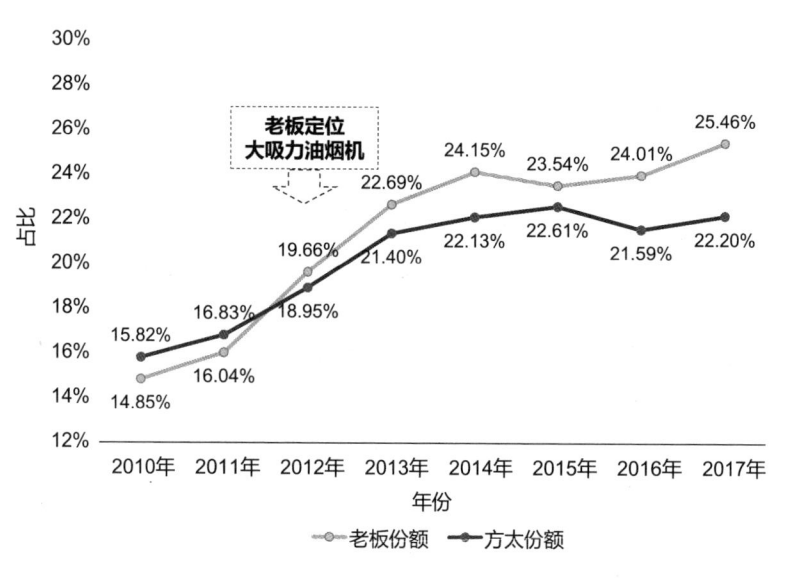

图 4.8　2010—2019 年，老板、方太油烟机国内市场份额占比

简醇：
基于市场洞察开创新品类，实现逆势高飞

自 2019 年起，中国酸奶市场在经历了长达 10 年的快速发展后，陷入了增长瓶颈。2022 年，低温酸奶市场规模约 223 亿元，同比下滑 11%；常温酸奶市场规模约 300 亿元，同比下滑达到 14%。在整个酸奶市场呈现颓势时，有一个品牌异军突起，实现逆势增长，上市仅 4 年，就实现累计销量超 14 亿盒，在 0 蔗糖酸奶市场的占有率高达 46.1%，稳坐国内 0 蔗糖酸奶品类第一的

宝座。这个品牌就是"0蔗糖酸奶专家品牌"简醇。

简醇的战略规划是里斯战略咨询在 2018 年为君乐宝设计的。当时，随着肥胖问题日益严重，人们对健康的重视程度不断提升，在健康观念影响下，饮食健康风潮愈演愈烈。无论是在国内还是在国外，无糖、低糖食品行业都处在高速成长期，诞生了一批迎合减糖趋势进行品类创新的成功新品牌。以美国为例，乔巴尼以高蛋白低糖的希腊酸奶为主打，成为美国第一酸奶品牌；La Croix 品牌凭借无糖气泡水品类实现近 100% 的高速增长，在低增速的软饮料市场独领风骚。

而在中国市场，随着健康饮食风潮愈演愈烈，无糖、低糖食品行业正处于高速成长期，2018 年整个低糖食品市场已有近一倍的同比增长。跟 2016 年相比，2018 年秉持"低糖主义"观念的消费者规模也出现了倍增。可以想见，随着消费趋势的健康化，"糖"已经成为消费者格外关注的因素，未来低糖、无糖市场潜力较大。

回到酸奶品类中，市场中无糖之风也逐渐兴起，消费者开始关注酸奶的糖分问题，普通酸奶糖分含量高的问题不断被提及。

一些品牌开始推出无糖酸奶，但它们都只是作为现有品牌下的一种补充产品被推出的，被掩埋在众多有糖酸奶中。而且它们普遍包装老年化，被当时的消费者当作适合老人和糖尿病患者喝的酸奶。

君乐宝正是抓住了无糖酸奶这一迎合趋势、符合需求、心智空缺的巨大机会，抢先开创定义了0蔗糖酸奶新品类，并进行了相应的品类创新（见图4.9）。

- 简醇开创了"0蔗糖酸奶"
- 0蔗糖酸奶专家品牌

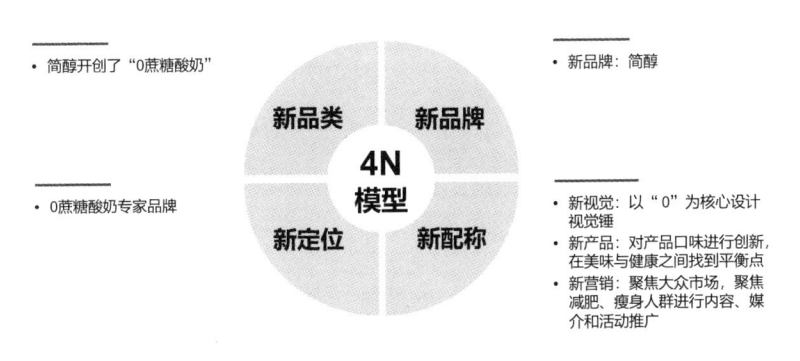

新品类　新品牌
　　4N 模型
新定位　新配称

- 新品牌：简醇
- 新视觉：以"0"为核心设计视觉锤
- 新产品：对产品口味进行创新，在美味与健康之间找到平衡点
- 新营销：聚焦大众市场，聚焦减肥、瘦身人群进行内容、媒介和活动推广

图 4.9　简醇的 4N 模型

首先，君乐宝将新品类定义成0蔗糖酸奶。研究发现，在为这个新品类命名时需要做一个重大改变，不能沿用市场上惯有的

叫法"无糖酸奶",而应该叫"0蔗糖酸奶"。因为无糖酸奶存在负面认知,消费者的感知是里面没有糖,于是会产生口味酸、不好喝的联想。因此,尽管酸奶是一种健康饮品,但消费者,尤其是年轻消费者,在健康的基础上同样追求美味,对无糖酸奶会产生抵触心理。而0蔗糖酸奶既没有负面认知,又能建立新品类的正向价值。在消费者认知中,0蔗糖等于好喝又无糖。同时,0蔗糖酸奶被认为是一种更健康的酸奶。根据消费者反馈,0蔗糖酸奶有减肥、对三高有益、糖尿病适宜、保护牙齿和肠道等方面的诸多优势。

其次,在品牌层面上,君乐宝推出专门的新品牌——简醇,意为简单的酸奶,充分体现品类特性——简单、无蔗糖添加。这里的问题在于,为什么不沿用君乐宝品牌?虽然"君乐宝"是个知名品牌,可以大幅提升新品类的信任度;但是,"君乐宝"是个弱于"蒙牛"和"伊利"的品牌,如果推出君乐宝0蔗糖酸奶,那么当市场上出现蒙牛0蔗糖酸奶、伊利0蔗糖酸奶时,君乐宝0蔗糖酸奶就会处于下风。"简醇"不一样,它给人的感觉就是0蔗糖酸奶的专业代表。跟简醇比,蒙牛、伊利就显得不够专业了,这就是消费者心智。

第 4 章 案例详解：里斯定位理论造就的企业和品牌

再次，在定位层面，简醇品牌的定位任务是进行品类定位，即教育消费者为什么要选择 0 蔗糖酸奶。在这个方向之下，其战斗口号演绎为"怕蔗糖，喝简醇 0 蔗糖酸奶"。

最后，在新配称层面，简醇以"0"的形状作为品牌的视觉锤，采用极简风的白色包装，充分放大品类的 0 蔗糖特性和卖点。

简醇在产品上不使用白砂糖，而使用代糖。考虑到传统的代糖酸奶口味都不理想，简醇在产品设计上做了重大的技术创新，即提高乳含量，通过牛乳的香味弥补代糖对口味的影响，实现健康和美味的平衡，做到了最好喝的 0 蔗糖酸奶。

在营销上，简醇并没有把自己限定在小众的健身圈，而是将更广泛的酸奶消费者作为自己的目标人群。因为肥胖不再是小众问题，而是全民都非常关注的一个健康问题。这是简醇能够做大的一个关键洞察，因为酸奶圈主打健康的产品并不少，但大多把品牌和产品做得非常局限，难以打入真正的大众市场。

同时，简醇围绕注重健康、有身材焦虑的广谱人群策划传播内容和选择传播媒介，并结合早餐、休闲、运动、加班等日常生活场景进行推广营销，以此引爆目标人群。

通过聚焦发力简醇，母公司君乐宝的酸奶业务实现新一轮增长，并一举打破行业由伊利、蒙牛、光明构成的寡头格局。2021年，君乐宝低温酸奶市场占有率超越光明，跃居全国第三，简醇成为君乐宝低温酸奶的强力支撑。反观之前的行业第三名光明，在莫斯利安后再无新品类诞生，再加上受到伊利、蒙牛的压制，光明低温酸奶的营收和利润逐年下滑。2022年12月，君乐宝低温酸奶市场占有率更是提升至18.2%，跃升为全国第一，这背后的第一功臣就是简醇。

大角鹿：
死磕关键特性，以弱胜强，成就行业增长王

定位理论不仅可以帮助有一定基础的品牌赢得市场领先地位，更可以帮助弱小企业逆风翻盘，实现爆发性增长，成为不可忽视的行业新秀。

2012年，大角鹿的前身金尊玉（金尊玉2019年改名为大角鹿）在佛山创立。彼时，中国瓷砖市场已是一片红海，金尊玉

品牌受限于传播资源投入缺乏、品牌影响力不足、产品严重同质化等劣势，在激烈的市场竞争中始终生存艰难，全国代理商仅 200 多个，能站稳脚跟的区域市场更是屈指可数。到 2018 年，金尊玉的年营收仅 3 亿元，跟头部品牌的百亿元年营收相比不值一提。

金尊玉应当如何破局？同样，品类机会在哪里，什么品类是现在小、未来大的？找到这些问题的答案是金尊玉凭借品类的增长而实现企业增长的机会。

通过市场洞察发现，大理石瓷砖是处于负增长的整个瓷砖行业为数不多的亮眼增长极，且相较于日本、欧盟等市场 54% 以上的高占有率，中国大理石瓷砖的市场占有率仅 33.4%，仍有很大增长空间。同时，大理石瓷砖市场的竞争相对不激烈，金尊玉已经成为市场第二，仅次于简一。大理石瓷砖是金尊玉有机会把握的重要品类。

但是简一作为领导者，已经在消费者心智中占据了"大理石瓷砖"品类，仅依靠简单聚焦大理石瓷砖品类，金尊玉难以逆袭。此时需要充分挖掘品类的第一特性，通过研究消费者选购大理石瓷砖时最关注什么来推动品类分化，进而开创新品类。

回到消费者心智，里斯战略咨询发现，除了价格，消费者在选购大理石瓷砖时最关注的是花纹。那么通过花纹切入，能否开创一个新品类、构建差异化定位呢？答案是否定的，花纹这个因素深受主观层面的影响，且具备风尚化的属性，这导致了以花纹为定位的新品类并不具备长期稳定性，会受到多重、个体化的因素影响，无法成为企业长期战略方向。

里斯战略咨询注意到，在排在"花纹"之后的众多因素中，"耐磨"虽然并不是最突出的，但是是消费者格外关注的。因为瓷砖铺上之后，一旦被磨花了，替换起来就会很麻烦；如果不替换，又很难看，特别影响心情。恰好，当时没有品牌专门去强化瓷砖的耐磨性，这就给金尊玉留下了通过教育消费者关注"耐磨"，建立品牌的机会。

基于此，金尊玉聚焦耐磨，率先开创了超耐磨大理石瓷砖新品类。技术上，研发出超耐磨钻石釉技术，运用该技术的大理石瓷砖的耐磨度是普通大理石瓷砖的 3 倍，为新品类的建立奠定了坚实的事实基础。但事实上的支撑远远不够，在同质化竞争激烈的瓷砖行业，更重要的是基于产品领先优势，抢占心智的山头，在消费者心智中构建品牌的护城河。

发现机会之后，为了迅速占领消费者心智，金尊玉冒着所有经销商反对的风险，做出了一个极为重大的战略决策：更改品牌名，将"金尊玉"换成了"大角鹿"。为了配合这个品牌名的传播，大角鹿打造了全新的视觉锤——用在树干上摩擦鹿角的鹿，用"超耐磨 持久新"为战斗口号，在所有与消费者产生关联的触点上，都围绕着"超耐磨"进行传播（见图4.10）。

除了以上，大角鹿还在"超耐磨"定位的指引下，开发出一个品效合一的核武器：超耐磨PK大赛，即在展会和终端门店，举行消费者亲自参与的磨瓷砖比赛，参与对比的分别是大角鹿瓷砖和竞品的瓷砖。这个活动不仅可以让消费者亲身体验到大角鹿大理石瓷砖的超耐磨性能远超对手，还能为大角鹿的门店和展台积聚人气，使得大角鹿的门店和展台成为所在场馆的"人气王"。竞品看到大角鹿的耐磨瓷砖比赛之后，纷纷开始学习，但因为没有一整套定位和战略的指引，对手学的仅仅是皮毛，并不会产生大角鹿这样的效果。

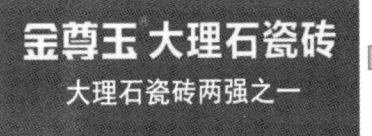

第 4 章 案例详解：里斯定位理论造就的企业和品牌 / 239

图 4.10 品牌定位前后对比

新品类战略实施后，大角鹿连续 3 年实现高速增长，年营收从 3 亿元增长为 30 亿元。2021 年，在行业低迷的情况下，大角鹿成为极少数逆势增长的品牌，全年销量居大理石瓷砖销量第一，成功晋升品类之王。2022 年，大角鹿销售额增长 47%，全国门店达 3000 家，成为"中国瓷砖增长王"。2023 年，"中国瓷砖增长王"的 B 端定位确立后，大角鹿招商火爆，新增经销商超既往 10 年总和，产能供不应求。

杰克：
用"抢先定位"服务 2B 客户，成就全球隐形冠军

定位不仅能在 2C 行业发挥威力，在 2B 行业也同样如此。

杰克创建于 2003 年，是我国一家专注工业缝纫机的企业。企业成立以来，由于工业缝纫机主要面向服装厂等企业客户，整体销售情况受经济环境影响非常明显。2011 年以来，随着工业缝纫机行业竞争激化，价位中端的杰克在与重机、兄弟、标准、

中捷等更高端品牌的竞争中并不占优势,同时还面临着数量庞大的区域品牌的低价竞争。在高低两端的夹击中,杰克增速明显放缓,甚至在2012年出现严重的负增长。

如何寻找杰克的新机会,助力品牌重获增长?首先,要厘清品类的长期发展趋势,以此确定企业的聚焦方向,帮助杰克朝着符合趋势、对自身最有利的业务方向集中资源、蓄力发展。工业缝纫机受下游服装行业影响巨大,因此,想要弄清工业缝纫机的品类趋势,就必须明确世界服装制造业的发展趋势。整体而言,20世纪七八十年代,世界服装制造业的中心经历了由日本转移到中国香港、中国台湾,此后慢慢转移到中国内地的演变过程。而借鉴日本、中国香港、中国台湾等高阶市场的发展经验,在整个产业的转移过程中,受产业红利的驱动,本地中小服装企业往往会大量涌现,打破过去大型服装厂垄断市场的局面。因此,服装企业小型化是一个明显趋势。同时,随着以天猫、淘宝为代表的电商平台崛起,新的电商销售模式加剧了服装消费多元化、个性化、快速化的特点,传统的大型服装企业在新销售模式的冲击下,生存环境不断恶化,中国服装企业正在加速向小型化转变。在这些新趋势影响下,中小型服装企业将成为杰克未来的核心客户群。

那么，中小型服装企业在选购缝纫机时，最关注的因素是什么呢？通过对中小型服装企业关键决策人的认知挖掘，里斯战略咨询发现，中小型服装企业，由于企业资源有限，通常会将价格摆在第一位置，优先在中、低档品牌中选购产品。这些产品稳定性相对较差，容易出现宕机事故；同时，中低端品牌在服务上也相对较弱，即使产品出现事故，问题也很难得到及时的解决。对服装企业而言，时间和效率是头等大事，一旦缝纫机出现问题又无法及时解决，会给服装生产带来极大的麻烦。中小型服装企业也知道这些中低档的缝纫机产品不稳定，它们希望能有人在它们的产品出问题时尽快解决问题。恰恰是由于这样的心智洞察，里斯战略咨询为杰克找到了最佳定位——快速服务。

在此方向下，杰克开始了全新的战略调整，主要进行了四大聚焦：聚焦中档价位、聚焦中小型客户、聚焦杰克品牌、聚焦快速服务。杰克以"杰克缝纫机，快速服务100%"为战斗口号，搭建了一套完善的配称体系，真正将"快速服务100%"落到实处。

在视觉方面，采用蓝色作为视觉锤，和行业内其他品牌常用的白色形成显著区隔；

在产品方面,针对大部分中小服装厂同时生产多种面料、多个季节的服装的现状,着重提升产品的稳定性,吃厚适应性[1];

在售后服务方面,组建庞大的服务管理体系,通过一批经过专业培训的机修工人,做到及时响应客户售后需求;

在市场方面,改变过去广撒网的拓展方式,在重点区域深耕市场,扩大网络,重点把握中小型客户群体,加强服务,提升市场占有率;

在公关传播上,开展缝制效率研究班、评选服务明星等活动,向客户传递品牌定位。

在国内市场品牌战略执行取得一定成效后,杰克尝试将国内市场战略导入国外市场以实现全球化增长。杰克最核心的做法是,将国内的有效战术搬运到国外,即在国外同样聚焦中小客户、聚焦快速服务100%。这在国外虽然同样奏效,但由于国情的不同,完全将国内战略嫁接至国外造成了经销商抵触、服务

---

[1] 吃厚适应性指,缝纫机在缝较厚的布料时的表现。吃厚适应性越强,缝纫机缝纫布料时的表现越稳定。——编注

难以承接、运营配称难以落地等重重阻碍，造成了定位战略的变形。

在对国外市场及商业环境考察之后，杰克在明确聚焦中低档缝纫机的战略基础上，因地制宜，采用更适配各国发展情况的战略，开拓不同国家的市场。比如在印度市场聚焦直驱机，大力发展区域代理商，拓展二级市场；在巴西市场聚焦直驱机，推出宽电压直驱机，在渠道方面形成"一名全国市场代理+多名区域市场代理"的模式；在孟加拉国聚焦小型服装厂，进一步扩展二级经销网络，巩固强化自身的优势；在越南聚焦中小服装厂，拓展批发渠道。

在新战略的牵引下，杰克连续多年实现营收增长，2020年公司营收35.21亿元，超过日本重机成为全球第一。2022年整体营收60多亿元，在全球建立超过9000家专卖店，占据近30%的全球工业缝纫机市场，成为名副其实的全球工业缝纫机品类之王。